Wie wirtschaftet die Welt?

EBOOK INSIDE

Die Zugangsinformationen zum eBook Inside finden Sie am Ende des Buchs.

Kunigunde Kalus

Wie wirtschaftet die Welt?

Von der ersten Arbeitsteilung
zur Globalisierung

 Springer

Kunigunde Kalus
Wiesbaden, Deutschland

ISBN 978-3-658-16828-5   ISBN 978-3-658-16829-2   (eBook)
DOI 10.1007/978-3-658-16829-2

Die Deutsche Nationalbibliothek verzeichnet diese Publikation in der Deutschen National-
bibliografie; detaillierte bibliografische Daten sind im Internet über http://dnb.d-nb.de abrufbar.

Lektorat: Margit Schlomski

Gedruckt auf säurefreiem und chlorfrei gebleichtem Papier

Springer ist Teil von Springer Nature
Die eingetragene Gesellschaft ist Springer Fachmedien Wiesbaden GmbH
Die Anschrift der Gesellschaft ist: Abraham-Lincoln-Str. 46, 65189 Wiesbaden, Germany

Ein Wort vorweg

Herzlich lade ich alle Leser ein auf eine Reise von den Anfängen des Wirtschaftens zu unserer heutigen Form der wirtschaftlichen Zusammenarbeit auf unserem Planeten Erde.

Warum ist dieses Buch wichtig für alle (jungen) Leser? Wir alle sind als Kunden und als arbeitende Menschen Teil des Themas „Wirtschaften". Aber anders als bei anderen wichtigen Themen – Lesen, Schreiben, Rechnen, kulturelle Bildung, … – gibt es für „Wirtschaft" kein verbindliches Schulfach! Lehrer, die etwa im Sachkundeunterricht wichtiges Grundwissen hierfür vermitteln wollen, waren bislang auf Werbemittel von Wirtschaftsunternehmen angewiesen, denn es fehlte Literatur, die für Schüler ab circa 12 Jahren geeignet wäre.

Dieses Buch ist geeignet, die Lücke zu schließen! Ich hoffe sehr, dass viele Menschen sich selbst und ihren Kindern das Grundwissen zum allgegenwärtigen „Wirtschaften" erschließen wollen und damit auch Sicherheit aufbauen für den Umgang mit Industrie, Handel, Banken und Versicherungen. Hierzu finden Sie auf den nachfolgenden Seiten kurzweilige und leicht verständliche Texte.

Wir werden uns die Welt der Wirtschaft Schritt für Schritt erschließen. Und dies in der Reihenfolge, wie sich das Wirtschaften im Laufe der Jahrhunderte entwickelt hat. Fragen, auf die wir Antworten finden werden, sind zum Beispiel:

- Wie funktioniert die Arbeitsteilung im Alltag?

- Warum steigen die Preise manchmal und fallen dann wieder? Und was ist eigentlich die Konjunktur?

- Warum wird etwas billiger, wenn es in großen Mengen in einer Fabrik hergestellt wird?

- Was ist Globalisierung?

- Wie kam es zu der Finanzkrise ab 2007?

Ebenso werden wir uns damit befassen, ob Wirtschaften gerecht ist und viele weitere Themen und Begriffe rund um das Wirtschaften enträtseln.

Die wichtigsten Grundlagen und Begriffe werden dem Leser in diesem Buch in leicht verständlicher Weise nahegebracht. Sehr wichtige Zusammenhänge stehen in solchen einfach umrandeten Kästchen:

Dies sind wichtige Begriffe, Regeln und Grundlagen für unser Wirtschaften.

Sobald wir auf unserer Zeitreise durch die Welt des Wirtschaftens zu den etwas schwierigeren Themen kommen, finden wir in vielen Kapiteln in blau unterlegten Textpassagen anschauliche Beispiele aus der Erfahrungswelt junger Menschen. Diese Beispiele helfen, schwierigere Themen besser zu verstehen.

In den blauen Gedankenwolken werden Ereignisse aus den blauen Beispieltexten noch einmal aufgegriffen.

Sie bilden die Brücke zwischen dem Beispieltext und dem fachlichen Text.

Weiße Gedankenwolken erinnern an Textpassagen aus anderen Kapiteln.

Einige der Helden dieses Buches, die wir in den frühen Jahren des Wirtschaftens kennenlernen, begleiten uns durch die Jahrhunderte. Andere Helden werden hinzukommen. Wir werden sehen, wie Berufe im Laufe der Zeit entstanden, sich änderten und wie auch immer wieder neue Berufe entstehen.

Im Laufe dieser Zeitreise werden wir auch erfahren, welche Wissenschaft sich mit dem Wirtschaften beschäftigt, z. B. die Volkswirtschaftslehre. Sie gehört zu den Wirtschaftswissenschaften. Die fettgedruckten Begriffe, zum Beispiel **Wirtschaftswissenschaften,** finden sich in alphabetischer Folge im Stichwortverzeichnis am Ende des Buches.

In den hellgrauen Kästchen stehen interessante Erläuterungen oder Ergänzungen zu den Begriffen, die **fett** hervorgehoben sind oder auch *kursiv* gedruckt sein können, hier als Beispiel eine Wissensergänzung zum

> Neben der Volkswirtschaftslehre gibt es auch die Betriebswirtschaftslehre, die sich damit befasst, wie Unternehmen geführt werden. Ebenso gibt es weitere Zweige, die zum Beispiel den Zusammenhang von Wirtschaft und Umwelt untersuchen.

Begriff **Wirtschaftswissenschaften.** Diese tiefergehenden oder weiterführenden Texte sind gedacht für alle diejenigen, die noch etwas mehr erfahren wollen über das jeweilige Thema.

Beim Schreiben dieses Buches hatte ich wertvolle Unterstützung aus dem Familien- und Freundeskreis. Mein herzlicher Dank gilt insbesondere meinen Patensöhnen Dorian & Yannick & Maurice Görke, die aus der Sicht junger Leser wertvolle Hinweise sowohl für den Text als auch für die Bilder gaben.

Wiesbaden, Juni 2017   Kunigunde Kalus

Inhaltsverzeichnis

1

Von der Steinzeit bis zum frühen Mittelalter: Auch das Wirtschaften hat mal klein angefangen

Warum wird Arbeit auf viele Menschen aufgeteilt?

Stellen wir uns einmal vor, wir könnten die frühen Menschen beobachten. Zu einer Zeit, als diese Menschen noch in Höhlen wohnten, in Gruppen auf die Jagd nach wilden Tieren gingen, Beeren und andere Nahrungsmittel suchten und sammelten und sich am Lagerfeuer wärmten.

Wir können mit Sicherheit annehmen, dass die frühen Menschen irgendwann einmal lernten, aus dem Fell der Tiere, die sie erlegt hatten, Kleidung und Schuhe herzustellen. Jeder für sich selbst.

Gewiss war manch ein Mensch geschickter in diesen Handarbeiten als andere. Nennen wir einen solchen geschickteren Menschen Simon. Seine Schuhe sahen besser aus als die von anderen und sie hielten länger.

Es wäre nur zu menschlich, wenn schließlich mehr und mehr seiner Mitmenschen auch solche schönen, haltbaren Schuhe haben wollten. Simon konnte aber in der Zeit, in der er die Schuhe für die anderen herstellte, nicht mit auf die Jagd gehen. Allerdings mussten er und seine Familie ja schließlich von irgendetwas leben.

Die anderen Menschen, zum Beispiel der Jäger Jürgen, sahen dies sicherlich ein. Sie mussten Simon etwas von ihrer Jagdbeute abgeben, wenn sie gut passende Schuhe haben wollten. Und so tauschte Jürgen schließlich die neuen Schuhe gegen einen Anteil an seiner Jagdbeute. Sagen wir, ein Paar Schuhe gegen 10 Handvoll Fleisch.

Jäger Jürgen   a) 1 Paar Schuhe   b) 10 Handvoll Fleisch   Schuster Simon

Damit waren die erste **Arbeitsteilung** beim **Wirtschaften** und der **Tauschhandel** erfunden worden.

Wirtschaften wird all das genannt, was Menschen tun, um die Dinge zu bekommen, die sie haben wollen. Dieses Tun muss natürlich den Regeln entsprechen, die sich die Menschen für ihr Zusammenleben gegeben haben (Diebstahl z. B. ist *kein* Wirtschaften).

Arbeitsteilung bedeutet, dass nicht mehr jeder alles selbst macht. Die Arbeit, die zu tun ist, wird von denen erledigt, die das jeweils am besten können (einer stellt Schuhe her, andere jagen). Jeder Mensch übernimmt eine andere Arbeit. Jede Arbeit ist für alle Menschen wichtig.

Simon war nun Schuster und hatte sich darauf spezialisiert, eine **Ware**, nämlich Schuhe, herzustellen, die andere Menschen gern haben wollten.

Eine **Ware** ist eine Sache, die gegen etwas getauscht wird, das als gleichermaßen wertvoll angesehen wird. Man nennt eine Ware auch „**Produkt**". Simons Produkt ist der Schuh, der aus Leder und Nähgarn hergestellt wird.

Aber – da sind ja noch mehr Menschen als nur diese beiden: Was passiert, wenn andere von diesen Schuhen hören und Interesse an einem Paar haben? Wie können sie Simon finden?

Wie funktioniert einfaches Wirtschaften mit mehreren Beteiligten?

Etliche tausend Jahre später leben die Menschen nicht mehr in Höhlen, sondern in Dörfern.

Nehmen wir einmal an, in dem Dorf unseres Schusters Simon lebt auch Hans, der gern die Gegend erkundet und umherwandert. Es könnte gut sein, dass Hans in einem anderen Dorf einen Töpfer kennengelernt hat, der schöne Tonschalen herstellt. Er erzählt ihm von den bequemen und haltbaren Schuhen.

Töpfer Toni will ebenfalls gern solche Schuhe haben und gegen eine Tonschale tauschen. Wenn Hans ihm diese Schuhe bringt, verspricht ihm der Töpfer, wird er dann auch ein kleines Tongefäß für Hans selbst herstellen.

Zurück in seinem Dorf erfährt Hans von dem Schuster, dass der keine Tonschale haben möchte und nur gegen Fleisch tauscht.

Hans hört sich um und findet den Bergmann Bernd, der tief im Wald in einer einsamen Hütte wohnt und eine große Tonschale braucht.

Fassen wir kurz zusammen:

- Töpfer Toni will Schuhe tragen.

- Bergmann Bernd will eine große Tonschale haben.

- Schuster Simon will Fleisch essen.

Und auch Hans will aus diesem Tausch etwas für sich und seine Familie behalten, von dem sie leben können.

Hans erklärt Toni, wie er zu seinen Schuhen kommen kann und bittet ihn als erstes um eine große Tonschale. Toni hat Vertrauen zu Hans und übergibt ihm eine große Schale, die er gerade fertig gestellt hatte.

Hans und Bernd einigen sich darauf, dass Bernd für die gewünschte Tonschale 12 Handvoll Fleisch an Hans übergibt. Dieses Fleisch wird Bernd erst bei einem Jäger eintauschen müssen gegen etwas, was er selbst herstellt: vielleicht gegen die Kohle, die er aus seinem kleinen Bergwerk im Wald fördert.

Von Bernds Hütte im Wald wandert Hans zu Schuster Simon.

Hans kann nun von Simon die Schuhe gegen die 10 Handvoll Fleisch eintauschen, die Simon für ein Paar Schuhe haben will. Damit kann Hans 2 Handvoll Fleisch für sich behalten.

Und schließlich bringt Hans dem Töpfer die neuen Schuhe und erhält dafür von Toni als Dank ein kleines Tongefäß, das er selbst behalten kann.

Das, was Bernd und Toni für die Ware, die sie gern haben wollen, eintauschen müssen, nennt man den

Preis dieser Ware (Beispiel: Der Preis für Bernds Schale beträgt 12 Handvoll Fleisch). Hans vermittelt also den Tausch zwischen dem Bergmann, dem Schuster und dem Töpfer. Seine Tätigkeit wird **Handel** genannt, Hans ist also **Händler**. Dafür erhält er 2 Handvoll Fleisch von Bergmann Bernd, und auch das kleine Tongefäß von Töpfer Toni. Das ist sein **Gewinn** aus dem **Geschäft**.

Geschäft, so wie wir das Wort hier meinen, bedeutet „einen Handel abschließen, etwas verkaufen".

> **Gewinn** ist also das, was man durch seine Geschäfte verdient und für sich behalten kann.

Unser Beispiel vom Wirtschaften sieht jetzt so aus (Die Zahlen 1) bis 7) helfen, die Reihenfolge der Ereignisse zu erkennen):

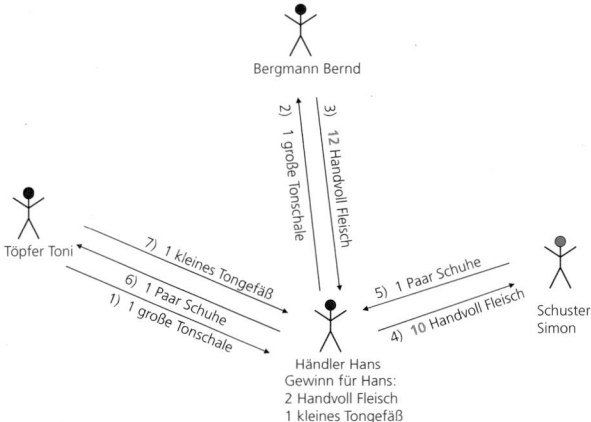

Was können wir beobachten?

- Manche Preise sind festgelegt und nicht verhandelbar – Schuster Simon will genau 10 Handvoll Fleisch für ein Paar Schuhe und auch nichts anderes.

Händler Hans und Bergmann Bernd dagegen haben sich auf den Preis von 12 Handvoll Fleisch für die Schale geeinigt. Diese Schale hat Töpfer Toni hergestellt. Sie ist der Wert, den Toni für die neuen Schuhe zahlen will.

- Es gibt für die gleiche Ware, also die Schuhe, zwei verschiedene Preise:

Jäger Jürgen kauft direkt beim Schuster und zahlt für ein Paar Schuhe 10 Handvoll Fleisch. Die große Tonschale ist Bergmann Bernd 12 Handvoll Fleisch wert. Also kann man auch sagen, dass Töpfer Toni für dasselbe Paar Schuhe, das Jäger Jürgen für 10 Handvoll Fleisch gekauft hat, 2 Handvoll Fleisch mehr zahlen muss. Warum ist Toni bereit, mehr zu bezahlen?

Er spart die Zeit und die Kraft, nach den Schuhen suchen zu müssen, und er weiß auch nicht, in welchem Dorf er Simon, den Schuster, finden kann. Töpfer Toni gibt Hans das kleine Tongefäß zusätzlich.

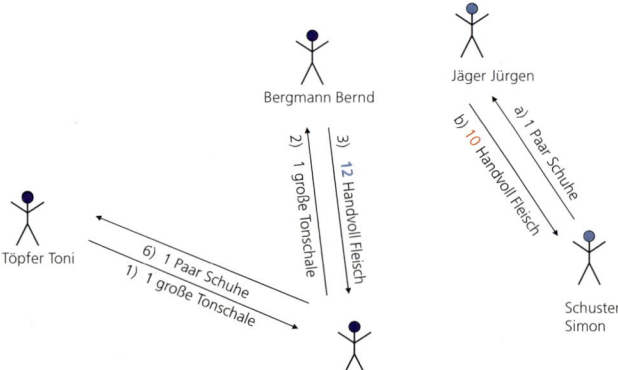

Händler Hans wird also von seinem **Geschäftspartner** dafür belohnt, dass er seine Zeit mit dem Suchen nach den Waren und den geeigneten Tauschpartnern verbringt und schließlich auch den Transport übernimmt.

> **Geschäftspartner** sind die Menschen, von denen man etwas kauft oder denen man etwas verkauft.

- Menschen können direkt zum **Hersteller** (das ist der, der eine Ware anfertigt, hier also z. B. Simon, der Schuster) gehen und die Ware dort kaufen. Oder sie beauftragen jemanden damit, das zu suchen, was sie haben wollen, und dies dann zu ihnen zu bringen. Dies ist in unserem Beispiel Händler Hans.

Was machen eigentlich Volkswirte?

Auch für unser ganz einfaches Beispiel sind das bereits eine ganze Menge Beobachtungen. Weil viele Menschen mehr darüber wissen wollten, wie das Wirtschaften genau funktioniert, hat sich im Laufe der Jahrhunderte eine Wissenschaft hierzu entwickelt: die **Volkswirtschaftslehre.** Die Wissenschaftler, die sich mit dieser Lehre befassen, nennt man **Volkswirte.**

> Diese neue Wissenschaft entstand in England ab der zweiten Hälfte des 18. Jahrhunderts, also ab ca. 1750 n. Chr. Dort beschäftigte sich zum Beispiel Adam Smith mit den Fragen des Wirtschaftens.

Volkswirte beschreiben, was in der Welt der Wirtschaft zu beobachten ist und versuchen, diese Zusammenhänge zu erklären. Dafür werden auch **Annahmen** gemacht.

Eine **Annahme** ist eine Vermutung, *warum* etwas Beobachtetes so sein könnte, wie es gesehen wurde. Daraus werden Regeln abgeleitet, die möglichst immer zutreffen.

Wenn man auf diese Weise verstanden hat, wie das heutige Wirtschaften funktioniert, kann man versuchen, weiter in die Zukunft zu denken. Volkswirte versuchen daher auch zu erklären, was passieren könnte, wenn völlig neue Entwicklungen die Art des Wirtschaftens grundlegend verändern.

Können wir einfach so beliebig Annahmen treffen?

Wir haben in unserem Beispiel ebenfalls eine Annahme getroffen, nämlich, dass bereits die frühen Menschen die Arbeitsteilung gekannt und angewendet haben könnten. Diese Annahme baut auf folgenden Beobachtungen auf:

- Es gibt Schuhe, also müssen sie erfunden worden sein.

  Wissenschaftler haben die Überreste früher Menschen in Mooren oder im Eis gefunden, die Schuhe tragen (z. B. den Ötzi, eine sehr alte Mumie, die in den Ötztaler Alpen gefunden wurde. Weil auch die Kleidung dieser Mumie erhalten blieb, weiß man heute, wie die Kleidung der frühen Menschen aussah.).

- Es ist bekannt, dass Menschen unterschiedliche handwerkliche Fähigkeiten haben.

Annahmen gelten so lange, bis durch weitere Beobachtungen Anhaltspunkte gefunden werden, die eine andere Annahme als wahrscheinlicher erscheinen lassen. Dann wird eine neue, verbesserte Annahme getroffen. Und natürlich wird dann alles das noch einmal überprüft, was auf der Grundlage dieser ersten, nun veralteten Annahmen erdacht worden ist.

beschreiben Volkswirte unser
...nes Beispiel vom einfachen Wirtschaften?

Um die Fachsprache der Volkswirte verstehen zu können, benötigen wir zunächst einige Begriffe und Zusammenhänge.

Was bedeuten Angebot und Nachfrage?

Mit **Angebot** ist die gesamte Menge der Waren gemeint, die **Anbieter** verkaufen wollen.

Anbieter sind diejenigen, die etwas hergestellt haben, das sie nun gegen andere Dinge eintauschen wollen. Anbieter kann man auch **Verkäufer** nennen. In unserem Beispiel sind das der Schuster und der Töpfer, aber auch der Bergmann und der Jäger, die etwas gegen Fleisch eintauschen wollen.

Nachfrage ist das, was entsteht, wenn die **Käufer** sagen, was sie in welcher Menge gern kaufen würden.

Käufer werden auch **Nachfrager** oder **Kunden** genannt.

Wie entsteht der Preis?

Wenn viele Schuster sehr viele Schuhe zum Kauf anbieten, ist das Angebot sehr groß. Jeder Schuhmacher wird sich etwas einfallen lassen müssen, damit die Nachfrager ausgerechnet zu ihm und nicht zu einem anderen Schuster gehen. Wenn die Schuhe alle gleich gut sind, werden die Nachfrager dort kaufen, wo der **Preis** am geringsten ist.

> Der **Preis** für eine Ware entsteht durch das Zusammentreffen von Angebot und Nachfrage.

Ein anderes Beispiel:

Wenn wegen Unwettern die Obsternte sehr schlecht ausfällt, ist wenig Obst da.

Die Menschen werden aber in gleicher Menge das Obst nachfragen.

Also können die Anbieter den Preis erhöhen. Der Preis steigt dann solange, bis die Grenze dessen erreicht ist, was diejenigen, die Obst kaufen möchten, gerade noch bezahlen können oder wollen.

Umgekehrt steigt der Preis, wenn es nur wenig *Ware* gibt, z. B. wenn nicht genügend Schuhe für alle diejenigen da sind, die welche haben wollen. Die Nachfrager werden also mehr im Tausch für ein Paar Schuhe bieten, um welche zu bekommen.

Da die Verkäufer meistens möglichst viel verdienen wollen, werden sie ausprobieren, wie viel die Nachfrager zu zahlen bereit sind. Wenn heute ein Verkäufer sieht, dass ein anderer Verkäufer für einen höheren Preis als er selbst anbietet und tatsächlich verkauft, wird er selbst auch den Preis erhöhen. Das geht so lange, bis die Nachfrager nicht noch mehr für ein Paar Schuhe ausgeben wollen. Wenn sie für diese Menge an Tauschware Anbieter finden, die dafür Schuhe verkaufen, einigen sich Käufer und Verkäufer und tauschen die vereinbarte Menge Anderes gegen Schuhe. Diese Menge Anderes ist der Preis der Schuhe.

Was genau ist ein Markt?

> Dort, wo Angebot und Nachfrage aufeinandertreffen, gibt es einen **Markt**.

Ein **Markt** kann ein wirklich existierender *Ort* sein, an dem man Waren kaufen kann:

- ein Raum, wo man Tische, eine Ladentheke oder Waren richtig anfassen kann. In unserem

Beispiel vom Wirtschaften wäre das die Werkstatt des Schusters.

- ein großer *Platz*, auf dem Anbieter ihre Stände aufbauen können und wo die Menschen, die etwas kaufen wollen, hinkommen. So etwas kennen wir heute noch von einem Wochenmarkt in der Stadt.

In den meisten Städten gibt es heute noch Plätze, aus deren Namen man erkennen kann, was dort früher einmal gehandelt wurde: Am Roßmarkt wurden z.B. früher Pferde gehandelt. Andere heutige Plätze heißen Gänsemarkt, Viehmarkt oder auch einfach nur Marktplatz.

Auf dem Marktplatz einer Stadt gibt es meistens auch heute noch regelmäßige Wochenmärkte.

Ein Markt kann aber auch nur in der Vorstellung der Menschen bestehen.

- In unserem Beispiel gibt es einen Markt für Schuhe und einen Markt für Tongefäße. Diese *Märkte* kann man nicht anfassen oder wirklich sehen. Sie bestehen aus der Vielzahl von Menschen, die solche Produkte brauchen.

Es gibt auch auf diesen nicht greifbaren Märkten **Marktteilnehmer** (so kann man Käufer und Verkäufer ganz allgemein nennen), die unser Händler Hans zusammenbringt, und es gibt jeweils eine Ware und den Preis dafür.

In den Nachrichten unserer Zeit wird China als riesiger Absatzmarkt der Zukunft für Waren aller Art genannt.

Es gibt in China einige sehr reiche Menschen, aber auch sehr, sehr viele Menschen, die arm sind und nur wenig oder gar nichts sparen können.

Viele der Waren, die in westlichen Ländern selbstverständlich sind, besitzen diese Menschen noch nicht: Autos, Fernseher und andere Dinge, die zum modernen Leben dazugehören.

Man geht davon aus, dass diese heute noch armen Menschen im Laufe der nächsten Jahre und Jahrzehnte mehr verdienen werden und dann die Waren kaufen, die ihnen bisher gefehlt haben.

Warum ist das Geld erfunden worden?

Die ersten Volkswirtschaften waren einfache Tausch-wirtschaften: Man tauschte eine Ware gegen die andere. Das konnte manchmal ganz schön kompliziert werden.

In unserem Beispiel sagen wir, dass ein normales Paar Schuhe so viel wert war wie 10 Handvoll Fleisch.

- Galt das dann auch für ein Paar Stiefel?

- Dauerte es nicht vielleicht länger, die Stiefel zu machen, und deswegen stand dem Schuster mehr Fleisch zu als für ein Paar Schuhe?

- Galt die große Hand eines Riesen genauso als *eine* Handvoll wie die seines kleineren, schmäch-tigeren Nachbarn?

Und was, wenn ein Jäger die Schuhe brauchte, um schneller laufen und besser jagen zu können, aber noch kein Wild erlegt hatte? Wie konnte dieses Problem gelöst werden?

Das hieß also, man musste sich einigen, wie viel von einer Ware denn nun wie viel einer anderen Ware wert war. Und das immer wieder aufs Neue, für jede Art von Waren: Schuhe, Jacken, Äpfel, Getreide, usw. Und man musste unter Umständen sehr lange suchen, bis man die richtigen Tauschpartner zusammengebracht hatte, so dass alle schließlich die Dinge bekamen, die sie wirklich haben wollten.

Und je mehr Menschen sich auf verschiedene Handwerke spezialisiert hatten, desto schwieriger wurde es, all die vielen verschiedenen Dinge, die man benötigte, direkt miteinander zu tauschen. Die Menschen wanderten zudem auf der Suche nach Neuem immer weiter von ihren Siedlungen weg. Manche Waren mussten so über lange Strecken transportiert werden, verdarben aber schnell.

Einfacher war es, sich auf ein Tauschmittel zu einigen, das einen Wert an sich hatte, über den sich alle einig waren.

In der Südsee entstand so das *Muschelgeld*. In Europa kamen die meisten Völker im Laufe der Jahrhunderte auf die Idee, Edelmetalle, wie z. B. Gold, als einen solchen Wert zu nutzen.

> Das waren besondere Muscheln, die man aus dem Meer fischen konnte. Man einigte sich darauf, was so eine Muschel im Tausch wert war: wie viele Kokosnüsse oder Schafe oder Fische.

Die Menschen, die in den einzelnen Regionen regierten, ließen Münzen aus Gold oder Silber herstellen (bei Münzen nennt man das „prägen"), um so das Wirtschaften in ihrem Siedlungsbereich einfacher zu machen.

Und damit hatten die Menschen **Geld**, das als **Zahlungsmittel** „für alles" anerkannt wurde.

Geld ist etwas, das alle Menschen als wertvoll anerkennen. Es stellt einen bestimmten Gegenwert dar für die Waren, die Menschen dafür eintauschen wollen.

Ein **Zahlungsmittel** ist etwas, was man jemandem geben kann, um etwas zu kaufen. **Zahlung** bedeutet also, man gibt jemandem Geld für etwas, was der andere getan oder hergestellt hat oder in Zukunft leisten wird.

Später werden wir weitere Zahlungsmittel kennenlernen, zum Beispiel ein Blatt Papier, auf das man schreibt, wann man dem anderen den geschuldeten Betrag zahlen wird.

Wichtig ist, dass ein Zahlungsmittel vom Verkäufer angenommen wird, weil er dessen Wert anerkennt.

Das Geld, das in einem bestimmten Staat gilt (und in damaligen Zeiten meist auch wirklich nur in diesem einen Staat), nennt man auch dessen **Währung**.

Ein kleiner Ausflug zum Begriff „Staat"

Wir haben auf den vorangegangenen Seiten bereits gelesen, dass Menschen z. B. in Dörfern leben und einige dieser Menschen eine Region und alle anderen dort lebenden Menschen regierten.

Wenn Menschen in Gruppen zusammenleben, geben sie sich Regeln, wie dieses Zusammenleben für alle am besten funktionieren kann. Jeder von uns kennt das aus der eigenen Familie.

Für das Zusammenleben von sehr vielen Menschen auf einem bestimmten Stück Land haben Menschen den Begriff **Staat** gebildet. Das Bedeutungswörterbuch des Dudens erklärt „Staat" so:

> Ein **Staat** ist eine „Gemeinschaft von Menschen", die „innerhalb gleicher Grenzen" lebt.

Dem Begriff „**Staat**" werden wir in diesem Buch immer dann begegnen, wenn es um Regeln für das Wirtschaften geht.

Dafür müssen wir verstehen, was mit „Staat" genau gemeint ist.

In den frühen Jahrhunderten scharten sich Menschen um einen Anführer, der dafür sorgte, dass sie ein genügend großes Gelände hatten, um zu jagen, Gemüse anzubauen oder Tiere weiden zu lassen. Dieses Gelände verteidigten sie gemeinsam gegen Eindringlinge.

Solche Gemeinschaften wuchsen im Laufe der Jahrhunderte. Irgendwann brauchten diese großen Menschengruppen neue Strukturen, die komplizierter waren: Es gab nicht mehr nur einen Anführer, sondern viele Rangabstufungen unter denen, die die Menschen anführten. Diese Anführer wurden zu einer eigenen Gruppe, den Adligen: Könige, Herzöge, Fürsten und andere mehr gehörten dazu. Adlige regierten die anderen Menschen, die Volk genannt wurden.

Und weil größere menschliche Gemeinschaften sich besser verteidigen und auch gemeinsam besser wirtschaften konnten, schlossen sich einige kleine Fürstentümer irgendwann zu Königreichen zusammen. Das geschah allerdings nicht immer ganz freiwillig, sondern oft auch nur, weil der andere die größere Armee hatte.

In Deutschland leben wir heute in einem demokratischen Staat. Alles das, was man tun muss, um einen solchen Staat zu führen und Wichtiges zu regeln, wird **Politik** genannt. Die Menschen, die das tun, sind **Politiker**.

Die vom Volk gewählten Politiker regieren unsere Gemeinschaft, unseren Staat Bundesrepublik Deutschland, und vertreten ihn in Staatengemeinschaften wie der Europäischen Union.

Um unseren Staat besser verwalten zu können, sind wir so organisiert:

- Wir leben heute in Dörfern oder Städten. Meint man diese allgemein, spricht man auch von **Kommunen**.

- Die Kommunen gehören jeweils zu einem Bundesland, von denen die Bundesrepublik Deutschland 16 hat.

- Alle Bundesländer zusammen bilden die Bundesrepublik Deutschland.

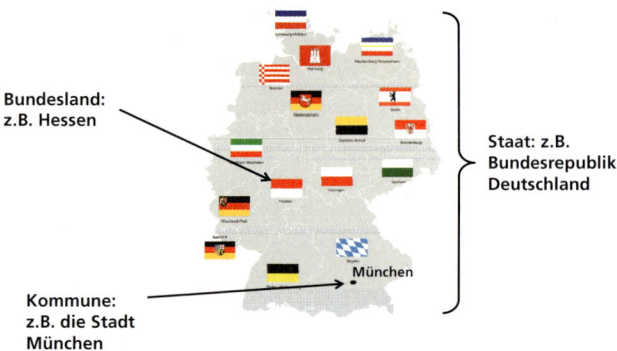

Bundesland: z.B. Hessen

Staat: z.B. Bundesrepublik Deutschland

Kommune: z.B. die Stadt München

München

Die vom Volk gewählten Politiker bestimmen die Regeln, die in der Kommune, dem Land oder dem Staat gelten. Einige Politiker, die vom Parlament gewählt werden, bilden die Regierung. Sie sollen den Staat so regieren, wie es die Mehrheit der Bevölkerung bei der Wahl entschieden hat. Was das genau bedeutet, werden wir uns in späteren Kapiteln näher anschauen.

Für die tagtägliche Umsetzung der Regeln, nach denen wir zusammenleben, gibt es Behörden, in denen Beamte (das sind Angestellte des Staates, die eine besondere Treue zum Staat geschworen haben) und Angestellte arbeiten.

Hier ist wichtig zu verstehen, dass es immer *Menschen* sind, die für den Staat handeln. Und das geschieht nach Regeln, die von denjenigen Politikern bestimmt wurden, die von der Mehrheit des Volkes gewählt wurden.

Auch beim Wirtschaften sind es immer *Menschen*, die handeln und verantwortlich sind für das Ergebnis ihres Tuns.

2

Taler, Taler, du musst wandern – das war im Mittelalter manchmal nicht ganz einfach

Wir machen in der Zeitgeschichte nun einen gewaltigen Sprung: Unsere Helden Jäger Jürgen, Schuster Simon und Händler Hans folgen uns. Wir stellen uns vor, sie würden mit Hilfe von Zauberkraft in die neue Zeit springen. Wie würden sie nun leben und wirtschaften?

Zeitlich sind wir jetzt ungefähr im europäischen Mittelalter (also der Zeit vom 6. bis zum 15. Jahrhundert n. Chr.) angekommen. Wir schauen nur auf die wirtschaftlichen Zusammenhänge. Was sonst noch im Mittelalter alles geschah – und in diesen 1.000 Jahren passierte eine ganze Menge – ist für uns im Moment nicht von Bedeutung.

In allen Regionen Europas war die Zahl der Menschen im Laufe der Jahrhunderte gewachsen. Das bedeutete, dass man andere Regeln brauchte für das Zusammenleben, als es in den ersten Dörfern üblich gewesen war.

Die adligen Herrscher der einzelnen Regionen gaben immer mehr größeren Orten das *Recht*, sich als Stadt selbstständig zu machen. Die Städte boten ihren

Zu den Stadtrechten gehörte nicht nur das Recht, zum eigenen Schutz eine Stadtmauer zu errichten und sich selbst zu verwalten. Zu den Stadtrechten gehörte auch das Recht, selber Münzen zu prägen, Steuern zu erheben und freie Märkte abzuhalten.

Bewohnern sowohl Schutz als auch die Möglichkeit, sich als Handwerker oder als Händler fest niederzulassen und von einem zentralen Ort aus ihre Geschäfte zu betreiben. In vielen Städten schlossen sich jeweils die Meister desselben Handwerks zu einer Zunft zusammen, die Kaufleute in Gilden. Diese Zünfte und Gilden regelten Streitigkeiten, die zwischen ihren Mitgliedern entstanden, sie stellten einheitliche Regeln und Inhalte für die Ausbildung ihres Berufsnachwuchses auf und vieles mehr.

In den neuen Städten bildeten sich viele neue Berufe heraus. Damit wurde die Arbeit weiter aufgeteilt, die Menschen spezialisierten sich mehr und mehr auf ganz bestimmte Tätigkeiten.

Warum wurden Steuern und Zoll erfunden?

Der Herrscher über eine Region, z. B. ein Fürst oder ein König, bot seinen Untertanen Schutz vor Überfällen anderer Staaten und vor Räubern. Dafür bezahlte er zunächst Ritter und in späteren Jahrhunderten auch Armeen.

Die Herrscher wurden bei Streitigkeiten zwischen Untertanen gebeten, Recht zu sprechen und dieses Recht dann auch durchzusetzen. Je größer die Staaten wurden, desto teurer wurde es, all dies zu tun. Die Ritter und Armeen mussten ernährt werden und sie brauchten Häuser, um all ihre Aufgaben zu erledigen. Dafür brauchte auch ein König Geld.

Viele Herrscher finanzierten aus ihren Einnahmen nicht nur ihre Bediensteten, die Soldaten und Verwaltungsbeamten, die die Steuereinnahmen überwachten usw. Viele holten auch Musiker, Maler, Dichter und Tänzer an ihren Hof und förderten so die Künste.

Der König selbst musste seinen Lebensstil und den seiner Bediensteten bezahlen (statt „bezahlen" sagen die Wirtschaftsfachleute auch „**finanzieren**").

Zur Finanzierung dieser Leistungen wurden **Steuern** eingeführt.

Steuern sind vorgeschriebene Zahlungen der Einwohner an den Staat. Der Staat finanziert daraus alles, was er für das Zusammenleben der Einwohner leistet.

Das konnten Kopfsteuern sein, also ein Betrag, der für jeden Untertan fällig war, egal wie alt oder jung er war und unabhängig davon, wie viel der Mensch an Besitz oder Verdienst hatte (es zählte jeder Kopf).

Andere Steuern mussten abhängig von der Höhe des Besitzes oder der erzielten Einnahmen gezahlt werden: Wer viel Geld verdiente, musste auch viel bezahlen.

Für einen Bauern, zum Beispiel Balthasar, bedeutete dies, dass er einen Teil seiner Ernte und seines Viehs an die Steuereintreiber abgeben musste, die der Herrscher beauftragt hatte. Das konnte ein bestimmter Teil sein, zum Beispiel jeder zehnte Sack Korn, oder jedes zehnte Kalb. Vielleicht musste er auch mehr abgeben, wenn seine Familie ein weiteres Kind bekommen hatte. Das entschied jeder Herrscher in seinem Staat so, wie er es wollte.

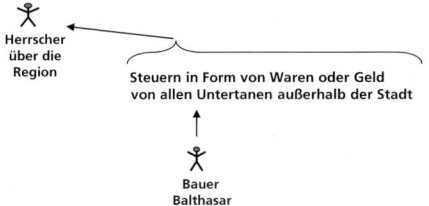

Oft wurde auch **Zoll** erhoben. Zoll bezieht sich auf den Wert der Waren, die man in einen Staat hineinbringen will. Der Wert der Waren wird geschätzt und es muss ein festgelegter Teil dieses Wertes an den Staat gezahlt werden.

Heute wird eine solche Zahlung für die Straßenbenutzung „Maut" genannt.

Die heutige LKW-Maut in Deutschland ist also keine neue Erfindung. Sie muss von allen LKWs gezahlt werden, die deutsche Autobahnen benutzen.

In vielen anderen Staaten Europas gibt es eine solche Maut auch für durchreisende PKWs (das ist derzeit (2017) auch für Deutschland geplant.).

Da der Schutz vor Räubern auch den Händlern nutzte, die durch ein Herrschaftsgebiet nur durchreisen wollten, erhoben viele Herrscher **Wegezölle**. Das war nicht bezogen auf den Wert der Waren, sondern eine Bezahlung für das Hindurchfahren und Benutzen der Straße.

In der damaligen Zeit kam man auf einer Reise, zum Beispiel von Hamburg über Leipzig nach München, durch viele Königreiche und freie Städte hindurch. Und diese Königreiche waren wie ein Flickenteppich zusammengesetzt aus Fürstentümern, Grafschaften und Herzogtümern etc., die ihrerseits ihre Grenzen bewachten und Zölle und Steuern erhoben. Eine Reise konnte für einen Händler also sehr teuer werden.

Unser Freund, Händler Hans, musste genau wie die anderen reisenden Händler und Handwerker unterwegs viele Steuern und Zölle bezahlen.

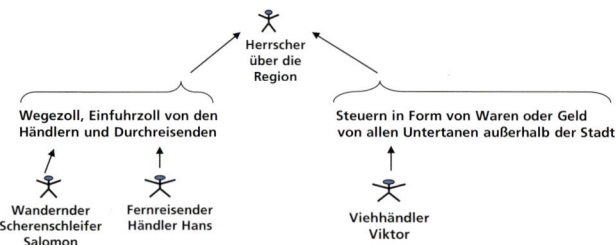

Auch die Städte mussten die Wächter an den Stadttoren bezahlen und ebenso die Menschen, die die Stadt verwalteten. Also forderten auch die Städte von ihren Einwohnern Steuern.

Wie funktionierte die Arbeitsteilung damals?

Jäger Jürgen hatte es in jener Zeit des Mittelalters nicht einfach. Alles Wild gehörte per Gesetz den regierenden Adligen. Wenn er ohne Erlaubnis jagte, galt er als Wilderer und wurde schwer bestraft. Wenn er mit Erlaubnis jagte, musste er vielleicht zunächst alles erlegte Wild beim Herrscher vorzeigen und durfte für sich und seine Familie nur behalten, was der ihm schenkte.

Vielleicht durfte er auch so viel behalten, dass er etwas davon verkaufen konnte. Da die Menschen in der Stadt nicht mehr selbst ein ganzes Tier zerlegen konnten oder wollten, verkaufte er das Wild an Metzger Manuel, der ihm dafür Geld gab. Mit diesem Geld konnte er andere Dinge kaufen, die seine Familie brauchte.

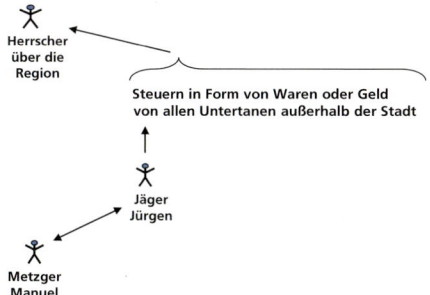

Es gab im Laufe der Jahrhunderte immer mehr Erfindungen, die das Leben erleichterten, und auch die Art des Zusammenlebens entwickelte sich weiter. Damit wurden auch die wirtschaftlichen Beziehungen der Menschen untereinander komplizierter und vielfältiger.

Früher hatten Menschen das Getreide für ihr Brot selbst angebaut, selbst geerntet, mühsam mit der Hand gemahlen und dann das Brot selbst gebacken.

Nun aber gab es technische Neuerungen, wie zum Beispiel große, von Wind oder Wasser angetriebene Mühlen, in denen das Getreide in großen Mengen gemahlen werden konnte. Man musste hierzu aber wissen, wie man das genau machte und wie man eine solche Mühle reparieren konnte, wenn etwas nicht mehr funktionierte. So entstand der Beruf des Müllers.

Durch die neuen Erfindungen waren also immer mehr Menschen daran beteiligt, beispielsweise ein Brot herzustellen.

Bauer Balthasar brauchte das Getreide nicht mehr selbst zu mahlen. Er brachte es zu Müller Martin, der in seiner Mühle große Mengen gleichzeitig verarbeiten konnte. Und da die Mühle von Wind oder Wasser angetriebenen wurde, war die Arbeit auch einfacher geworden. Bäcker Bodo aus der Stadt kaufte sein Mehl beim Müller ein. Das tat übrigens auch der Bauer, wenn er sich die Arbeit des Selbstmahlens für kleinere Mengen ersparen wollte, die seine Familie zum Kochen und Backen verwendete.

Mit dem Obst und Gemüse schließlich konnte Bauer Balthasar direkt auf den Markt in die Stadt fahren. Von jedem, an den der Bauer seine Ware verkaufte, bekam er dafür Geld.

Die Rinder und Schweine verkaufte Bauer Balthasar direkt an Metzger Manuel. Kälber und andere Tiere

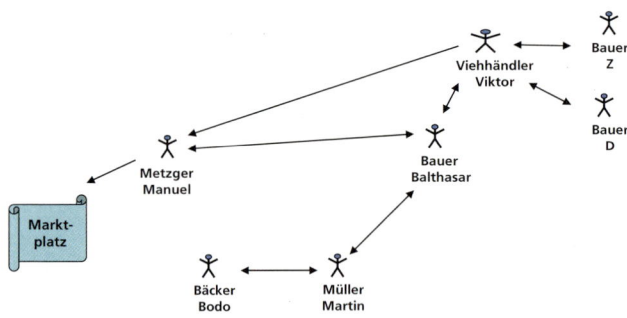

konnte er stattdessen zeitsparend an Viehhändler Viktor verkaufen, der diese Tiere dann an andere Bauern weiterverkaufte – oder auch an Metzger Manuel.

Die Wolle der Schafe konnte die Bauernfamilie selbst zu Garn spinnen, das der Bauer anschließend an Weber Wilhelm verkaufte. Es konnte aber auch sein, dass eine Bauernfamilie kein Spinnrad hatte oder keine Zeit zum Spinnen. Dann wurde die Wolle an die Spinnerin Selma verkauft.

Das fertige Garn von Selma kaufte dann Weber Wilhelm, der daraus Stoff für die Schneider herstellte, zum Beispiel für Schneider Stefan.

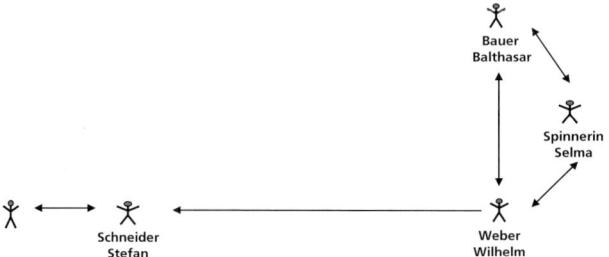

Schneider Stefan wiederum stellte aus dem Stoff Kleidung her, die er an seine Kunden verkaufte.

Auch unser Schuster Simon findet in der mittelalterlichen Wirtschaft seinen Platz. Er hatte sich auf das Anfertigen von Schuhen und Stiefeln spezialisiert und wurde in dieser Kunst immer besser. Das Leder für seine Schuhe musste er nicht mehr selber herstellen: Gerber Gustav holte sich das Fell der Kühe von Metzger Manuel, gerbte es zu Leder und verkaufte es dann an Schuster Simon weiter.

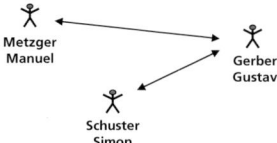

Welche Art von Märkten gab es?

Die Menschen, die in der Stadt wohnten, also z. B. die Familien der Handwerker, Hausangestellten oder der Stadtwachen, gingen regelmäßig auf den Markt, um Lebensmittel, Kleidung oder andere Waren zu kaufen. Man wusste, an welchen Tagen alle Bauern aus dem Umland und auch fremde Händler kommen würden, um ihre Waren anzubieten.

Es gab aber auch große Jahrmärkte, die nur an bestimmten Festtagen oder zu bestimmten Terminen ein-, zweimal im Jahr stattfanden. Zu diesen großen Märkten reisten auch Händler aus anderen Regionen an, die Waren aus fernen Gegenden Europas anboten. Und natürlich kamen auch viele Menschen von weither in die Stadt, um auf diesen großen Märkten nach Waren Ausschau zu halten – oder um sich bei Friseur Franz die Haare schneiden zu lassen. Der brauchte dafür scharfe Scheren, die Scherenschleifer Salomon für ihn schärfte.

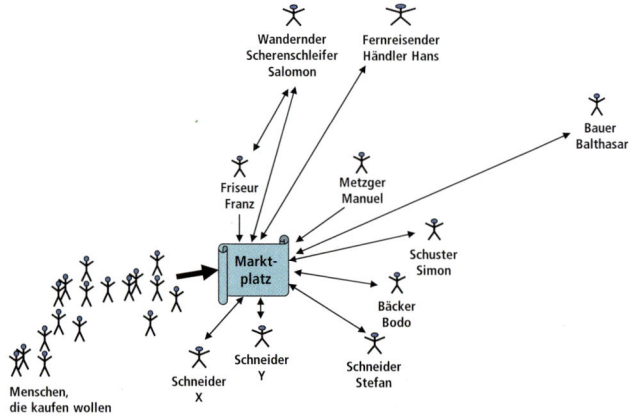

Die freien Städte (also die Städte, die nicht von einem Herrscher beherrscht wurden, hatten Vertretungen aller Einwohner, die selbstverantwortlich Entscheidungen treffen konnten, zum Beispiel über die Rechte Durchreisender) verlangten von denen, die auf dem Markt Waren verkaufen oder etwas tun wollten (zum Beispiel Friseur Franz, der Menschen Haare schneiden möchte), Geld für die Einreise in die Stadt und manchmal zusätzlich noch Geld für den Marktstand. Dadurch hatten die Städte neben den Steuern, die ihre Einwohner zahlen mussten, zusätzliche Einnahmen.

Je besser die Lage der Stadt in der Landschaft war, also z. B. an einer flachen Stelle eines Flusses gelegen, oder an einer *Handelsstraße*, über die viele Händler und Fuhrleute reisten, desto größer und wichtiger wurden diese Märkte. Dies wiederum bedeutete für die Städte mehr Einnahmen, und vielleicht auch mehr Menschen, die in ihr leben und an dem wachsenden Wohlstand teilhaben wollten.

Es gab einzelne Händler, die allein in andere Regionen zogen, um Waren dorthin zu verkaufen und neue einzukaufen. Und es bildete sich der Beruf des **Kaufmanns**. Ein Kaufmann stellt so viele Waren oder anderen Dinge her (oder handelt mit so vielen Dingen), dass er das Verkaufen nicht mehr allein schaffen kann. Er muss andere Menschen einstellen, die ihm helfen, alle diese Geschäfte zu organisieren und den Überblick zu behalten. Es bildeten sich, auch über die Grenzen von Staaten hinweg, Zusammenschlüsse von **Kaufleuten** („Kaufleute" ist

> Eine Handelsstraße ist ein Transportweg, auf dem viele Menschen in ferne Regionen reisen.
>
> Leipzig z. B. liegt an der Kreuzung zweier alter Handelsstraßen, der Via Regia und der Via Imperia, die von Ost nach West bzw. von Nord nach Süd verliefen. Im Jahr 1380 fand die erste Leipziger Messe statt. Stadtrechte hatte die Stadt bereits seit 1165 n.Chr.
>
> Im Mittelalter nannte man einen sehr großen Markt eine „Messe". Heute sind Messen eher Ausstellungen, auf denen die Besucher neue Produkte sehen können. Die gezeigten Waren werden auf einer modernen Messe nur manchmal auch verkauft.
>
> (Vorsicht bitte: Das Wort Messe hat viele Bedeutungen, es ist auch ein christlicher Gottesdienst, und auf Schiffen der Raum, in dem gegessen wird.)

die Mehrzahl von Kaufmann), die im großen Stil Handel betrieben: z. B. die Hanse, deren Mitglieder mit Hilfe ihrer Koggen (das sind speziell gebaute Handelsschiffe mit großem Laderaum) vom 12. Jahrhundert bis in das 17. Jahrhundert hinein regen Handel an Ost- und Nordsee trieben (und auch in Venedig Geschäfte machten).

Fassen wir kurz zusammen: Insgesamt ist unser Bild vom Wirtschaften schon wesentlich vielfältiger geworden. Viele verschiedene Handwerker, Händler und Bauern stehen miteinander in wirtschaftlichen Beziehungen: Sie tauschen ihre Arbeitskraft oder ihre Waren gegen Geld.

Das Bild unseres Beispiels des mittelalterlichen Wirtschaftens sieht jetzt insgesamt so aus:

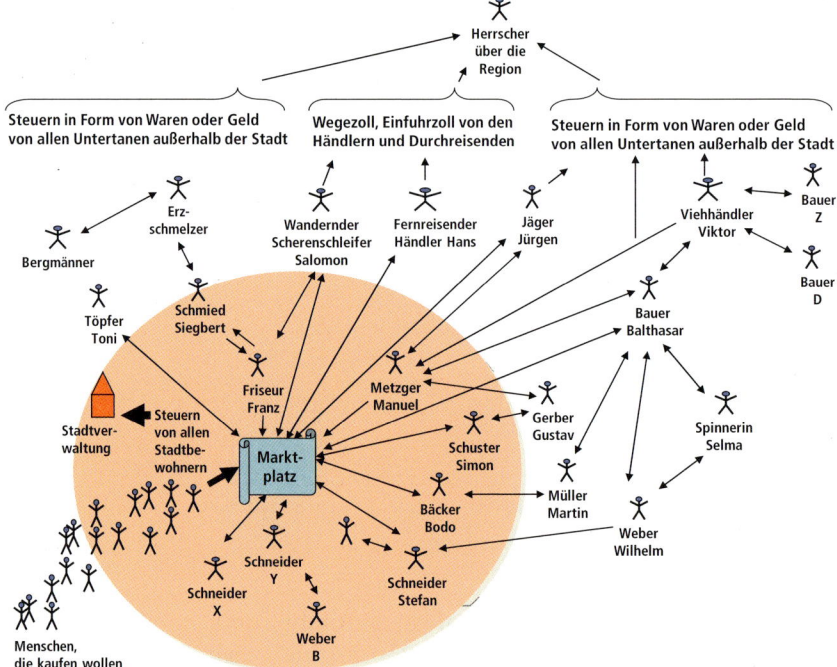

Wie konnten die fernreisenden Händler handeln, wenn es überall unterschiedliches Geld gab?

Unterwegs in fremden Ländern stießen alle Händler im mittelalterlichen Europa auf dasselbe Problem. Durch die große Anzahl an Staaten in Europa (Königreiche, Fürstentümer und dergleichen) gab es auch eine Vielzahl von Geld in Form unterschiedlicher Münzen.

Selbst wenn diese Münzen alle aus z. B. Gold geprägt waren, unterschieden sie sich in ihrer Größe und Dicke. Das heißt, keiner wollte wirklich gern seine eigenen Münzen eins zu eins gegen fremde Münzen eintauschen, die er nicht kannte.

Hinzu kam, dass es auch damals Betrüger gab, die das Gold für ihre Münzen mit anderen, weniger wertvollen Metallen mischten. So konnte zum Beispiel ein Eisenkern nur mit einer dünnen Goldschicht behaucht sein.

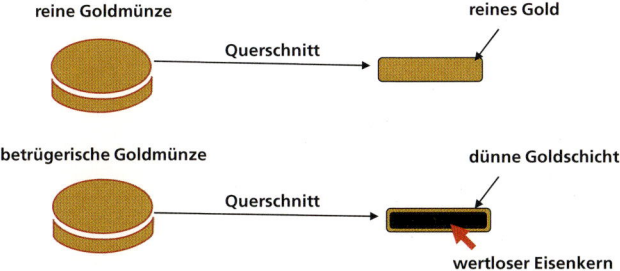

Deshalb bildeten sich Spezialisten heraus, die diese unterschiedlichen Münzen kannten und ihren tatsächlichen Wert ermitteln konnten. So entstand zuerst in Oberitalien, wo die Wirtschaft aufblühte und reger Handel herrschte, der neue Beruf des **Geldwechslers**.

Unser Händler Hans aus Augsburg ging sicherlich auch bald auf längere Reisen, um aus der Ferne Waren zu holen, die seine Landsleute zu Hause gern kaufen würden. Vielleicht reiste er auch bis nach Florenz, um von dort die Schätze des Südens zu holen, die er zu Hause verkaufen konnte. Sicherlich nahm er auch Waren von zu Hause mit, die viele Einwohner von Florenz gern von ihm kaufen würden.

Was aber konnte Händler Hans tun, wenn er gerade eben auf dem Markt in der italienischen Stadt Florenz angekommen war, eine wunderschöne Vase sah, die er unbedingt haben wollte – aber noch kein florentinisches Geld hatte, weil er selbst ja noch nichts verkauft hatte? Seine Augsburger Taler wollte der italienische Kaufmann Antonio nicht annehmen.

Was tun?

Einige italienische Kaufleute hatten hierfür eine sehr gute Lösung gefunden und daraus ein neues Geschäft gemacht: Sie handelten mit Geld.

Sie stellten eine Sitzbank an den Rand des Marktes, auf dem die anderen Händler ihre Stände aufgebaut hatten. Sie waren Münz-Fachleute und kannten sich damit aus, wie man den wahren Wert einer Münze erkennt. Und wenn sie sich irrten, dann mussten sie mit dem Schaden leben.

Weil diese Geldwechsler auf ihrer Sitzbank (italienisch *banca*) saßen, wurden sie von den anderen Händlern *bancherii* (gesprochen „bankerii") genannt. Für dieses italienische Wort würden wir auf Deutsch ungefähr sagen: „die, die auf der Bank sitzen".

Daher sagen wir heute „Bank" zu einem Unternehmen, das mit Geld handelt.

Aus dem *bancherius (Sg.)/bancherii (Pl.)* wurde das englische Wort „Banker", das heute auch in vielen deutschen Texten als Bezeichnung für Bankangestellte verwendet wird.

Wenn der Geldwechsler einmal nicht mehr zahlen konnte, kam es vor, dass wütende Kunden, gemäß den rauen Sitten des Mittelalters, dessen Sitzbank kurz und klein schlugen. Man sagte dann „banca rotta" (zerstörte Bank), woraus sich unser Begriff des „Bankrott" (umgangssprachlich: Pleite sein) abgeleitet hat.

Händler Hans konnte also zum Beispiel zu Bancherius Luigi gehen und einen Teil seiner Augsburger Taler gegen Florentinische Münzen tauschen. Von Luigi erhielt er diejenige Menge Florentinische Münzen, die Luigi als einen angemessenen Gegenwert für die Taler ansah.

Luigi tauscht also die **Währung** des Staates, aus dem Hans kommt, in die seines eigenen Staates um. Diesen Tauschwert von einer Währung in eine andere nennt man **Wechselkurs**.

Nehmen wir einmal an, Luigi gab für 100 Taler, die er von Hans entgegennahm, ebenfalls 100 Florentinische Münzen an Hans (der Wechselkurs wäre in diesem Fall 1 zu 1, also für einen Taler gibt es eine Florentinische Münze).

Das sieht als Bild so aus:

Bei der Ankunft in Florenz:

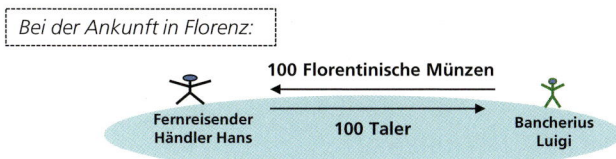

Mit diesen Florentinischen Münzen konnte Hans die Vase gleich kaufen, ehe jemand anderer ihm zuvorkam.

Danach konnte er seine eigene Ware verkaufen. Er tauschte, kaufte und verkaufte, und es blieben ihm zum Schluss als Gewinn 1.000 Florentinische Münzen übrig. Da er in seinem Land keine Florentinischen Münzen gebrauchen konnte, ging er nun wieder zu Luigi.

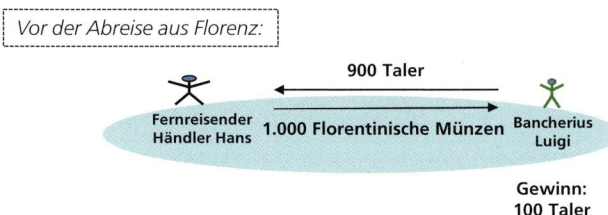

Luigi gab Hans für die Florentinischen Münzen im Wert von 1.000 diesmal nur 900 Taler. War das fair?

Ja – denn für Luigi war der Handel mit Geld das Geschäft, von dem er und seine Familie lebten.

Und wenn Hans sich an seine Erlebnisse in der frühen Zeit des ersten Tauschhandels zurückerinnerte, wird ihm eingefallen sein, dass er damals ja auch zwei verschiedene Preise hatte für ein Paar Schuhe: 10 Handvoll Fleisch, die er an Schuster Simon gezahlt hatte, um dessen Schuhe zu bekommen. Verkauft hatte er sie indirekt für 12 Handvoll Fleisch.

Von dem Gewinn, also dem Unterschiedsbetrag in Höhe von 2 Handvoll Fleisch, konnte seine Familie Essen kochen. Also gab sich Hans mit den 900 Talern zufrieden.

Die nächste Stufe der Entwicklung: Der Wechsel entsteht

Im Beispiel oben hatte Hans nicht nur seine Waren, sondern auch Münzen aus seiner Heimat mitgebracht. Das Reisen war jedoch im Mittelalter nicht nur unbequem (man ging zu Fuß oder ritt auf einem

Esel oder einem Pferd und transportierte seine Waren über holprige Straßen auf einfachen Karren). Es war auch gefährlich. Häufig führten Fürstentümer oder Königreiche, durch die man reisen musste, Krieg miteinander. Aber auch in Friedenszeiten war das Reisen mit viel Geld im Gepäck sehr unsicher: Räuber konnten überall lauern, um das Geld zu stehlen.

Die Bancherii fanden gemeinsam mit den fernreisenden Händlern eine völlig neue Lösung für dieses Geldtransportproblem, die es noch nie zuvor gegeben hatte: Sie erfanden den **Wechsel**!

Der Bancherius schrieb auf ein Blatt Papier, bis wann ihm der Händler welchen Betrag schuldete. Da der Bancherius auch von etwas leben musste, und der Handel mit Geld sein Geschäft war, mit dem er seinen Lebensunterhalt verdiente, trug er nicht nur den Betrag ein, den er verliehen hatte, sondern einen höheren Betrag. Dieser bestand dann aus dem verliehenen Geld und dem Preis für das Verleihen, nämlich den **Zinsen**.

Unterschrift des Schuldners:	Ort und Tag, an dem der Wechsel geschrieben wurde:_____ Gegen diesen **Wechsel** zahlen Sie am_____ im Ort _____ an den Gläubiger den Betrag von _____ Name und Adresse des Schuldners Name und Adresse des Gläubigers _____ _____ _____ _____ _____ Unterschrift des Gläubigers: _____

Damit kamen auch neue Begriffe in das Geldgeschäft:

- Es gab den **Schuldner**, der einen bestimmten Betrag noch zu zahlen hatte, also diesen Betrag schuldete.

- Und es gab den **Gläubiger**, also den, der darauf vertraute (oder auch fest daran glaubte), dass er das Geld von seinem Schuldner erhalten wird.

- Der Gläubiger gab dem Schuldner einen **Kredit**: Das bedeutet, er lieh ihm das Geld.

Auf das Blatt Papier wurde auch geschrieben, wo und an welchem Tag der Betrag zurückgezahlt werden musste. Dieses Blatt Papier wurde **Wechsel** genannt.

Das Unterschriftsfeld für den Schuldner ist auf einem Wechsel quer zum anderen Text angebracht.

Ein alter Spruch unter Kaufleuten lautete früher: „Schreibe hin und schreibe her, aber niemals quer".

Damit wollte man sagen, dass man aufpassen soll, bevor man einen Wechsel unterschreibt. Warum? Das steht im Haupttext.

Mit seiner *Unterschrift* auf dem Wechsel verpflichtete sich der Schuldner, an jeden zu zahlen, der ihm am Tag der versprochenen Zahlung dieses Blatt Papier wieder zeigte. Damit wurde dieser Wechsel zu einem **Dokument** mit einem eigenen Wert (ein Dokument ist ein beschriebenes Blatt Papier, das als Beweis dient).

Es galt als Verlust der persönlichen Ehre und schweres Verbrechen, wenn ein Schuldner dieser Verpflichtung zur Zahlung nicht nachkam (ganz gleich, aus welchem Grund!).

Der Bancherius trug diesen Wechsel in ein Buch ein, so dass er genau wusste, wer von den vielen Händlern, die bei ihm Kunde waren, ihm bis wann wie viel Geld schuldete.

Das konnte zum Beispiel so aussehen:

Am 04. Mai an Antonio 90 FM, fällig 104 am 03. Juni
am 05. Juni an Hans 100 FM, fällig 105 FM am 10. Oktober
Am 05. Juni von Mario 30 FM zurück, Rest 50 FM fällig 08. August
Am 07 . Juni an Roberto 200 FM, fällig 230 FM am 01. Dezember
usw.
usw.
usw.

Damit der Bancherius nicht so lange auf das Geld warten musste, konnte er den Wechsel auch weiterverkaufen. Dann schrieb er einfach auf die Rückseite des Wechsels, wer der neue Besitzer des Blattes war.

Wie sah das im richtigen Leben aus?

Händler Hans konnte nun also nur mit seinen Waren beladen nach Florenz reisen, ohne Geldtruhen dabei zu haben. Er konnte auch reisen, ohne Waren mitzunehmen, denn um einkaufen zu können, konnte er sich in Florenz direkt Geld leihen. Er war so besser gegen räuberische Überfälle geschützt.

Wenn er in Florenz ankam, ging er sofort zu Bancherius Luigi und lieh sich so viel Geld wie er brauchte, um in Florenz Waren einkaufen zu können, sagen wir 100 Florentinische Münzen.

Bancherius Luigi füllte den Wechsel über 105 Florentinischen Münzen aus und gab ihn Hans. Hans unterschrieb den Wechsel und verpflichtete sich damit, die 105 Florentinischen Münzen unbedingt zurückzuzahlen.

Die fünf zusätzlichen Münzen, die auf dem Wechsel standen, sind das Geld, das Luigi mit seinem Geldverleihgeschäft für sich und seine Familie verdiente.

Das Geld wird gegen einen Wechsel geliehen:

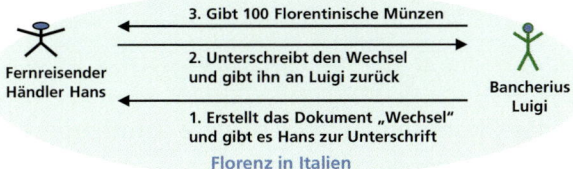

Hans konnte nun auf dem Markt in Florenz einkaufen und dann zu seinen Kunden nach Hause reisen, um die Waren zu verkaufen. Natürlich machte er als ge-

schickter Händler damit Gewinn, das heißt, er konnte
die Ware bei sich zu Hause für mehr Geld verkaufen,
als er selbst dafür bezahlt hatte. So hatte er genügend
Geld erwirtschaftet, um an dem in der Zukunft lie-
genden Tag, der auf dem Wechsel stand, das geliehene
Geld zurückzahlen zu können. An diesem Tag war die
Bezahlung des Wechsels fällig – deshalb wird dieses
Datum auch **Fälligkeitstag** genannt.

Ein paar Wochen oder Monate später reiste Hans
wieder nach Florenz und zwar so, dass er dort pünktlich zum Fälligkeitstag ankam. Er brachte einheimi-
sche Waren aus seiner Stadt mit und verkaufte diese
in Florenz. Dafür bekam er dort von seinen Kunden
Florentinische Münzen. Er konnte jetzt seine **Schulden** an Luigi zurückzahlen. Schulden sind Geldbeträge, die man verpflichtet ist zu zahlen, aber noch
nicht gezahlt hat.

Sobald Bancherius Luigi das verliehene Geld (100
Florentinische Münzen) und dazu noch seinen Gewinn, also insgesamt 105 Florentinische Münzen,
zurückerhalten hatte, gab er den Wechsel an Händler
Hans zurück. Der konnte nun das Blatt Papier, auf
dem seine Schulden standen, zerreißen.

Am Tag der Fälligkeit:

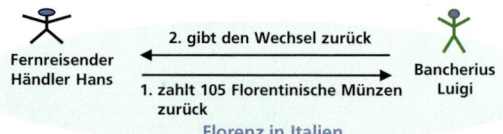

Wechsel konnten auch an andere Kaufleute weitergegeben werden

Wenn Händler Hans allerdings nicht genau wusste,
wann er (oder ob er überhaupt) wieder auf Handels-
reise nach Florenz kommen würde, hätte Luigi viel-

leicht sehr lange auf die Rückzahlung des verliehenen Geldes warten müssen. Deshalb konnten die beiden in so einem Fall auch etwas anderes vereinbaren.

Wenn es Luigi und Hans recht war, konnte Händler Hans die 105 Florentinischen Münzen oder ihren Gegenwert in Talern auch an jemand anderen seiner Stadt zahlen.

Heute – Ausstellung des Wechsels:

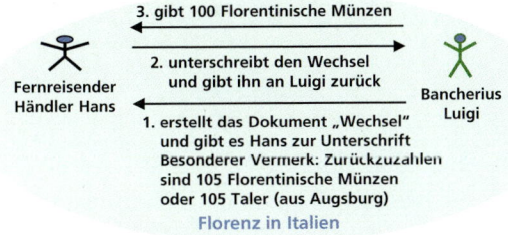

Bancherius Luigi konnte das Dokument nun weiterverkaufen, zum Beispiel an Kaufmann Antonio, der ebenfalls in Florenz lebte.

Das war sinnvoll, denn Bancherius Luigi bekam dann gleich wieder den Betrag in Münzen zurück, den er verliehen hatte.

Allerdings brauchte er nicht Jahre darauf zu warten, bis er sein Geld bekam. Deswegen konnte er den Wechsel auch für weniger als 105 Florentinische Münzen weiterverkaufen. Er fand hierfür Kaufmann Antonio, der nach Augsburg, die Heimatstadt von Hans, reisen wollte. Antonio würde zum Fälligkeitstag des Wechsels in Augsburg sein und freute sich, dass er auf so sichere Weise in Augsburg die dort geltende Währung, die Taler, bekommen würde.

Sagen wir, beide einigten sich darauf, dass Antonio den Wechsel für 102 Florentinische Münzen bekam.

Luigi hatte dann immer noch 2 Florentinische Münzen als Gewinn aus seinem Geldverleihgeschäft verdient, denn er hatte ja ursprünglich nur 100 Münzen an Hans gegeben.

Morgen – Weiterverkauf des Wechsels:

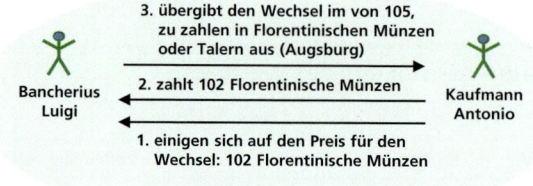

Florenz in Italien

Bancherius Luigi notierte hinten auf dem Wechsel, dass dieses Blatt Papier jetzt dem Kaufmann Antonio gehörte, und unterschrieb dies. Sobald er die 102 Florentinischen Münzen von Antonio erhalten hatte, gab er den Wechsel an ihn weiter.

Luigi und Antonio teilten sich also die Zinsen, die insgesamt 5 Florentinische Münzen (abgekürzt mit FM) ausmachten und die für den verliehenen Geldbetrag bis zum Fälligkeitstag zu zahlen waren:

- Luigi bekam 2 FM für die kurze Zeit, in der er die 100 FM verliehen und noch nicht wieder zurückerhalten hatte. Er fordert also insgesamt 102 FM von Antonio.

- Antonio zahlte den Betrag von 102 FM an Luigi zurück, hatte also sozusagen indirekt das Geld verliehen. Er musste noch eine Weile warten, bis er für den Wechsel 105 Taler erhielt. Für diese Wartezeit bekam er einen Teil der gesamten Zinsen, nämlich 105 – 102 = 3 Taler, die Hans zahlen musste.

Der Kauf des Wechsels war damit auch für Antonio ein gutes Geschäft: Er hatte nun das Recht, von Händler Hans den Gegenwert von 105 Florentinischen Münzen oder 105 Talern zu fordern, hatte dafür aber nur 102 bezahlt.

Kaufmann Antonio konnte sich nun am Fälligkeitstag des Wechsels in Augsburg von Hans das Geld holen, das er dort zum Einkaufen von Waren benötigte.

Insgesamt sah das Wechselgeschäft nun so aus:

Mit einem Wechsel konnte man aber noch mehr tun: Man konnte ihn ebenso an jemand anderen weitergeben, auch wenn man keine Waren kaufte, sondern nur Schulden zurückzahlen wollte. Derjenige, der den Wechsel als Ausgleich von Schulden annahm, ging dann am Fälligkeitstag mit diesem Wechsel zu dem darauf genannten Wechselschuldner und legte den Wechsel zur Rückzahlung vor.

> Wenn alle beteiligten Geschäftspartner das so anerkennen, kann man also auch mit einem Stück Papier bezahlen. Dieses Papier ist dann genauso viel wert wie der darauf genannte Geldbetrag in anfassbaren Münzen.

Damit war damals bereits etwas sehr Modernes erfunden worden: eine Zahlung ohne anfassbare Münzen (anfassbare Münzen nennt man auch **Bargeld**).

Wie behält man den Überblick über so viele Geldvorgänge?

Je mehr Geschäfte Luigi machte, desto länger wurde die Liste der Notizen in seinem Buch über verliehenes Geld, Rückzahlungen usw. Diese Notizen in einem Buch nannte man **Buchführung**.

Alles untereinander zu schreiben, konnte sehr schnell zu unübersichtlich werden, zum Beispiel, wenn ein einzelner Kunde immer wieder neue Geschäfte machte. Wann war welche Rückzahlung fällig? Außerdem musste Luigi schnell auf einen Blick sehen können, wie viel Geld aus seinem Geldschrank ausgeliehen war.

Deswegen hat sich im Mittelalter irgendwo in Italien ein findiger Bancherius eine andere Art des Aufschreibens ausgedacht, die so gut war, dass sehr schnell alle Kaufleute nur noch in dieser Weise Notizen machten. Der Kern dieser Art, Notizbücher zu führen, ist, dass man in sein Notizbuch für alles, worüber man den Überblick behalten will, ein **Konto** zeichnet. Das sieht aus wie ein großes „T". Oben über dem T steht, was in dem Konto zu lesen ist. Dieses T hat zwei Seiten – und so gibt es zu allem, was man in einem Konto notieren will, immer zwei Einträge auf mindestens zwei Konten, nämlich bei einem Konto auf der linken Seite und dann bei einem anderen Konto auf der rechten Seite. Diese Einträge auf Kontoseiten nennt man **buchen**. Und weil zu einer Notiz immer mindestens zwei Einträge auf verschiedenen Konten (Konten ist die Mehrzahl von Konto) gehören, nennen wir heute diese Form des Aufschreibens „Doppelte Buchführung".

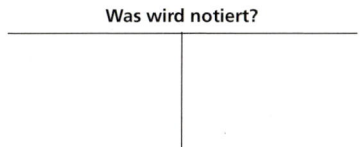

Um diese neue Form des Aufschreibens verstehen zu können, musste sich Luigi immer nur vorstellen, wo sein Geld gerade war: War es an Händler Hans ausgeliehen? Oder war es im Geldschrank?

Die Konten für Luigis Geschäfte mit Händler Hans könnten so ausgesehen haben:

Wenn Bancherius Luigi z. B. die 100 FM gegen einen Wechsel am 1. Oktober an Händler Hans verlieh, nahm er das Geld aus seinem Geldschrank und gab es Hans. Und genauso notierte er das Geschehen in seinen Konten:

an Hans	Geschäfte mit Hans	von Hans zurück
Wechsel vom 1.10. 100 FM		

hinein in den Schrank	Geldschrank	raus aus dem Schrank
		1.10. an Hans gegeben 100 FM

Luigi sah nun auf einen Blick, dass die 100 FM, die nun in seinem Geldschrank fehlten, bei Hans lagen (und nicht bei Antonio oder einem anderen Kunden). Ebenso erkannte er auf einen Blick, welchen Betrag Hans ihm schuldete. Wenn Hans zum Beispiel schon mehrere Kredite gegen einen Wechsel bei ihm aufgenommen hätte (also mehrere solcher Wechsel unterschrieben hätte), könnte Luigi im Konto von Hans leicht zusammenzählen, wie groß der gesamte Betrag war, den Hans ihm schuldete.

Wenn Hans das Geld zurückzahlte, notierte Luigi das auf den anderen Seiten der Konten:

an Hans	Geschäfte mit Hans	von Hans zurück
Wechsel vom 1.10. 100 FM	Wechsel vom 1.10. 100 FM	

hinein in den Schrank	Geldschrank	raus aus dem Schrank
von Hans zurück 100 FM	1.10. an Hans gegeben 100 FM	

Ebenso hatte Bancherius Luigi jeweils ein Konto eingerichtet für Kaufmann Antonio und jeden anderen seiner Kunden. Wann immer er an einen Kunden Geld verlieh, notierte er es in dessen Konto und ebenso in dem Konto seines Geldschranks. Genauso konnte Luigi auch ein Konto einrichten, um auf einen Blick zu sehen, wie viel Zinsen er schon verdient hatte: Dann nannte er eines der Konten „Zinseinnahmen" und schrieb hier die entsprechenden Beträge hinein.

Soll	Verdiente Zinsen	Haben
	Zins von Hans	5 FM

Um es für ihre Kunden, die Händler und Kaufleute, noch bequemer zu machen, gründeten viele reiche Bancherii auch in anderen Städten außerhalb ihres Heimatlandes Wechselstuben. Nach und nach entstanden so in vielen Städten des mittelalterlichen Europas Wechselbanken, die für ihre Kunden die Geldgeschäfte und Kredite abwickelten.

Das Wirtschaften der Menschen war nun bereits europaweit organisiert, und zum Teil auch schon *darüber hinaus*.

Kaufleute, die sehr geschickt mit Geld oder Waren handelten, konnten sehr reich werden (z. B. weil sie ein gutes Gespür hatten für das, was die Menschen kaufen wollten).

> Weltberühmt sind die Abenteuer des venezianischen Reisenden Marco Polo. Marco Polo wurde 1254 in Venedig geboren und reiste viele Jahre durch China und andere Länder Asiens.
>
> Aus Asien wurde schon in frühen Jahrhunderten Seide, Porzellan, Gewürze und andere Kostbarkeiten importiert.
>
> („Importieren" bedeutet so viel wie „aus anderen Ländern einführen".)

Die meisten Menschen im Mittelalter jedoch konnten mit dem, was sie durch ihre Arbeit verdienten, gerade so eben leben.

Warum müssen wir überhaupt wirtschaften?

Das ist eine der besten Fragen, denn eigentlich ist doch alles da, was jeder braucht.

An den Bäumen auf der Wiese hängt das Obst: Äpfel, Birnen, Pflaumen. Auf dem Acker wachsen Kartoffeln, Gemüse und viele Getreidesorten.

Und da beginnt es schon: Nicht jeder Erdboden ist für alles geeignet. Kartoffeln gedeihen nicht überall gleich gut. Und auch die Menschen, die dort wohnen, wo keine Kartoffeln wachsen, benötigen dieses Nahrungsmittel zum Leben. Also müssen die Kartoffeln an alle verteilt werden, die sie brauchen. Kartoffeln sind dort knapp, wo sie nicht wachsen.

In unserem Beispiel vom Wirtschaften ist das Leder für die Ware Schuhe nur vorhanden, wenn entsprechend viele geeignete Tiere erlegt wurden, aus deren Fell man Leder herstellen konnte. Dieses Leder war das **Material**, aus dem Schuster Simon Schuhe herstellte.

Damit lernen wir einen weiteren wichtigen Begriff kennen: **Material**. So wird alles genannt, was aus der Erde gefördert oder selbst hergestellt wird, aber in andere Produkte eingearbeitet wird. Diese Materialien sehen nach der Weiterverarbeitung völlig anders aus (das Leder ist zum Beispiel keine gegerbte Tierhaut mehr, sondern Teil eines Schuhs geworden).

Hatten die Jäger Pech, gab es auch nicht das Material Leder, aus dem man Schuhe herstellen konnte.

Und wenn das Material Ton aus der Tongrube aufgebraucht war, konnte Töpfer Toni keine Schalen mehr herstellen.

Waren und Materialien werden von Volkswirten auch „**Güter**" genannt.

Dienstleistungen sind ebenfalls nicht unbegrenzt vorhanden. Dienstleistungen sind Arbeiten an etwas, das schon vorher da war. Dieses Etwas wird durch eine Dienstleistung nur verändert.

Eine Dienstleistung erbringt z. B. ein Friseur, der unsere Haare schneidet. Er stellt keine Ware her, und unser Kopf ist nach dem Haarschnitt derselbe Kopf wie vorher, nur sozusagen veredelt: Das Haar ist schöner geworden.

Ein Friseur kann natürlich allen Menschen die Haare kürzen, die zu ihm kommen. Aber nicht zur gleichen Zeit. Und auch nicht rund um die Uhr an allen Tagen der Woche.

Die Arbeitszeit des Friseurs ist begrenzt. Obwohl es viele Friseure gibt, gilt für alle zusammen: Insgesamt ist ihre Arbeitszeit begrenzt.

Und das gilt nicht nur für Friseure: Die Anzahl aller arbeitenden Menschen ist begrenzt, und damit können von allen Waren und Dienstleistungen auch nur bestimmte Mengen hergestellt werden. Wie unvorstellbar groß diese Mengen auch sein können, spielt für die Volkswirte keine Rolle. Damit kommen wir zu einer sehr wichtigen Annahme der Volkswirte:

> Alle **Güter** und **Dienstleistungen**, die es gibt, sind **knapp**.

Für Volkswirte bedeutet das Wort **knapp,** das von allem gerade so viel vorhanden ist, wie für ein vernünftiges Wirtschaften erforderlich ist.

Und auch **Geld** gibt es nicht unbegrenzt (wie jeder bestimmt beim Thema Taschengeld schon erfahren hat).

Wenn also alles knapp ist, müssen die Menschen wirtschaften, um diese knappen Güter so zu verteilen, dass daraus der größtmögliche Nutzen für alle entsteht.

Wenn man das weiterdenkt, ist die Luft, die wir atmen und zum Leben brauchen, auch knapp.

Sie gilt jedoch als freies Gut, und ist damit nicht dem Wirtschaften unterworfen.

Etwas anders ist es mit Wasser.

Wenn wir in den Bergen wandern und Wasser aus einer klaren Quelle trinken, brauchen wir dafür nichts zu zahlen. Dieses Wasser ist ein freies Gut direkt aus der Natur.

Wenn das Wasserwerk allerdings das Wasser gereinigt hat und durch eine Leitung direkt in unsere Wohnung transportiert, dann müssen wir das Wasser bezahlen. Das Wasserwerk hat nämlich eine Dienstleistung für uns erbracht: Aus dem Rohstoff Wasser wurde das Trinkwasser hergestellt und durch die Wasserleitung direkt in unsere Wohnung geliefert.

Und dies geschieht dadurch, dass auf dem Markt ein **Preis** für Waren und Dienstleistungen gefunden wird.

Fassen wir das, was wir eben festgestellt haben, zusammen, wie es die Volkswirte tun.

Nehmen wir hierfür als Beispiel das Backen von Brot. Was brauchen wir zum Backen eines Brotes?

- **Rohstoffe**: z. B. *Eisenerz* für die Herstellung des Stahls, aus dem die Sense des Bauern Balthasar hergestellt wurde. Erst mit dieser Sense kann Balthasar das *Getreide* schneiden, welches später zu Mehl verarbeitet wird. Ein „**Rohstoff**" ist also ein in der Erde vorhandener wichtiger Stoff, den man braucht, um etwas anderes herzustellen.

- Und damit aus dem Mehl ein Brot wird, muss der Bäcker arbeiten, man braucht also die menschliche **Arbeit.**

- Brot backen kann der Bäcker aber nur, wenn er sich vorher einen Backofen und die Geräte gekauft hat, die er zur Brotherstellung benötigt. Und dafür braucht der Bäcker **Geld**.

Für die Herstellung aller Dinge braucht man in irgendeiner Weise also Rohstoffe, Arbeit und Geld.

Damit haben wir bereits die drei sogenannten **Produktionsfaktoren** kennengelernt, die in der Volkswirtschaftslehre wichtig sind. „**Produktion**" ist ein anderes Wort für Herstellung (Schuster Simon ist Hersteller der Schuhe, mit anderen Worten ist er der **Produzent** der Schuhe).

Diese Produktionsfaktoren, **Boden**, **Arbeit** und **Kapital,** werden von Volkswirten fast genauso genannt, wie auch wir das im Alltag in unserer Sprache tun:

- **Boden:** alles, was in der Erde vorhanden ist oder darauf wächst

- **Arbeit:** die menschliche Arbeitskraft, die Güter und Dienstleistungen entstehen lässt

- **Kapital:** das Geld, das eingesetzt wird, um Geschäfte zu machen

Wie wirtschaften wir „vernünftig"?

Um den nachfolgenden Text verstehen zu können, müssen wir noch wissen, was ein „**Prinzip**" ist. Der Duden erklärt, dass ein Prinzip ein „Grundsatz ist, den jemand seinem Verhalten zugrunde legt" oder eine „allgemeingültige Regel, nach der etwas abläuft".

Ein Beispiel hierfür: Im Prinzip geht jeder Schüler und jede Schülerin an jedem Tag, an dem weder Ferien sind noch Wochenende oder Feiertag ist, in die Schule. Davon kann es Ausnahmen geben, zum Beispiel, wenn ein Kind krank ist. Aber sonst gilt dieses Prinzip allgemein und immer.

Alle Menschen haben **Bedürfnisse**, die befriedigt werden müssen: Wir alle wollen Nahrung und Kleidung haben, brauchen eine Wohnung (die ja aus Rohstoffen und Gütern gebaut wird) und noch vieles mehr. Damit das funktioniert und alle ausreichend viel erhalten, müssen die knappen Güter und Dienstleistungen vernünftig verteilt werden.

Dieses Handeln beschreiben die Volkswirte als sogenanntes **Rationalprinzip** („rational" kommt vom Lateinischen „Ratio" und bedeutet „Vernunft"). Dieses Prinzip kann man von zwei Seiten betrachten:

> - als **Maximalprinzip**: aus den vorhandenen (gegebenen) Mitteln den größtmöglichen Nutzen erzielen
>
> - als **Minimalprinzip (auch Sparprinzip genannt)**: ein bestimmtes Ziel mit dem kleinsten möglichen Aufwand erreichen

Das ist nicht so kompliziert, wie es im ersten Moment vielleicht klingt. Wir alle handeln im Alltag nämlich danach.

Wenn wir in der Weihnachtsbäckerei z. B. Plätzchen ausstechen, dann setzen wir die Ausstechformen so eng wie möglich aneinander auf den Teig. Wir holen so die größtmögliche Anzahl von Keksen aus der begrenzten ausgerollten Teigmenge heraus. Das wäre das Handeln nach dem **Maximalprinzip**.

Auf der anderen Seite werden wir so wenig wie möglich ausgeben wollen, wenn wir z. B. ein neues Fahrrad kaufen: Wir werden die Preise vergleichen, um unser Ziel mit so wenig Geld wie möglich zu erreichen. Hier handeln wir nach dem **Minimalprinzip**.

Wie hängen die Kosten der Herstellung, die Arbeit und der Preis der Waren zusammen?

Gehen wir noch einmal zurück in unsere Welt des Mittelalters und nehmen wir als Beispiel, dass Schafwolle zu einem Kleidungsstück verarbeitet werden sollte. Ebenso nehmen wir an, dass Weber Wilhelm genau die richtige Menge Stoff hergestellt hatte, die Schneider Stefan für das Gewand brauchte. Und Weber Wilhelm bekam von Selma genau die Menge

Wollgarn, die er braucht, um daraus den Stoff für Stefan herzustellen.

Und – richtig! Selma bekam von Bauer Balthasar genau die Menge Wolle, die sie für dieses Wollgarn benötigte.

Wenn alle von ihrer Arbeit leben wollen, stellt sich eine wichtige Frage: Für wie viele Taler müssen die einzelnen Beteiligten ihre Ware verkaufen?

Sie müssen den Preis so festlegen, dass sie

- das ausgegebene Geld für die Materialien, die sie benutzt haben, wiederbekommen, und

- auch für ihre Arbeit bezahlt werden.

Denn nur mit dem, was sie *für ihre Arbeit* vom Käufer bekommen, können die beteiligten Menschen genug Geld verdienen, um Lebensmittel und alles andere zu kaufen, was sie zum Leben brauchen.

Fangen wir vorne an: Bauer Balthasar musste die Schafe füttern. Das hat ihn 1 Taler gekostet. Und er hat Zeit damit verbracht, die Wolle der Schafe zu scheren. Diese Zeit muss 3 Taler wert sein, meint Balthasar. Also verkauft er diese Menge Wolle für 4 Taler an die Spinnerin Selma.

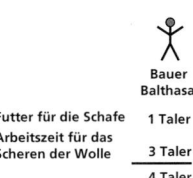

	Bauer Balthasar
Futter für die Schafe	1 Taler
Arbeitszeit für das Scheren der Wolle	3 Taler
	4 Taler

Damit zahlt Selma für ihr Material Wolle 4 Taler. Sie muss nun mindestens 4 Taler von demjenigen bekommen, dem sie ihr fertiges Produkt, das Garn, verkauft. Denn diese 4 Taler hat sie schon ausgegeben.

Das Geld, das jemand für Dinge ausgibt, die er selber braucht, um etwas anderes herstellen zu können, nennt man auch **Kosten**. Selma entstehen also Kosten für die Wolle. Sie will aber ebenfalls Geld für ihre Arbeit erhalten (das nennt man **Lohn**), und verkauft das fertige Garn daher für 7 Taler an Weber Wilhelm.

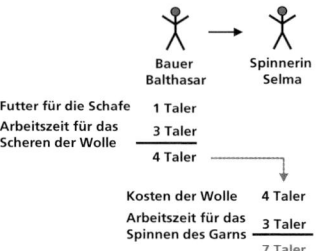

Weber Wilhelm hat somit für sein Material bereits 7 Taler an Selma bezahlt.

Wilhelm webt ziemlich lange an dem Stoff, wesentlich länger als Selma für die Wolle gearbeitet hat. Dafür will er 6 Taler haben. Außerdem weiß Wilhelm schon jetzt, dass sein Webstuhl bald erneuert werden muss. Also muss er anfangen, dafür zu sparen.

Der Lohn, den er für seine eigene Arbeit fordert, reicht allerdings gerade so zum Leben. Daher versucht er, zusätzlich zu seinem üblichen Lohn auch einen Taler extra auf den Preis aufzuschlagen. Diesen Taler will er für den neuen Webstuhl zurücklegen.

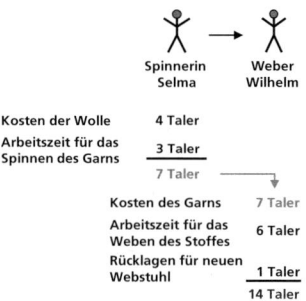

Schneider Stefan schließlich kauft immer gute Stoffqualität ein. Er legt Wert auf moderne Schnitte, die vielen Menschen gefallen, und sorgt für eine hohe Qualität bei der Herstellung der Gewänder. Den Stoff, den er für das Gewand braucht, kauft er gern bei Weber Wilhelm und zahlt ihm dafür 14 Taler.

Kosten des Stoffes   14 Taler

(Für ein Gewand braucht Stefan nicht nur den Stoff, sondern auch Knöpfe, Nähgarn, Nadeln, schließlich auch ein Bügeleisen, um es zum Schluss ordentlich zu glätten, und noch vieles mehr. Das lassen wir hier jedoch weg, weil unser Beispiel übersichtlich bleiben soll.)

Weil die Kunden die gute Qualität seiner Arbeit schätzen, ist Stefans Schneiderei im Laufe der Jahre immer größer geworden, und er kann einen Gesellen (der seine Berufsausbildung bereits abgeschlossen hat) und auch einen Lehrling („Lehrling" war früher die Bezeichnung für jemanden, der seinen Beruf noch lernt und Geselle werden will; heute werden diese Lernenden „Auszubildende" genannt) beschäftigen.

Der Geselle und der Lehrling arbeiten beide eine Woche lang nur an dem Gewand für Bürgermeister Schulze. Den Lohn, den Schneider Stefan den beiden in dieser Woche bezahlen muss, rechnet Stefan zu den Kosten für den Stoff hinzu:

Lohn für Gesellen und Lehrling   5 Taler

Der Geselle und der Lehrling wollen auch dann ihren Lohn haben, wenn mal nicht genügend Aufträge vorhanden sind für alle. Stefan muss hierfür also Geld zurücklegen. Und Schneider Stefan selbst will ja auch an dem, was die beiden herstellen, etwas verdienen, das er für sich selbst behalten kann. Also rechnet Stefan für beides zusammen noch einen Gewinnaufschlag hinzu.

Gewinn für Stefan (u.a. auch Rücklage für schlechtere Zeiten)   **11 Taler**

Alles zusammen ergibt den Preis, den Bürgermeister Schulze für das fertige Gewand zu zahlen hat. Insgesamt sieht die Rechnung von Schneider Stefan nun so aus:

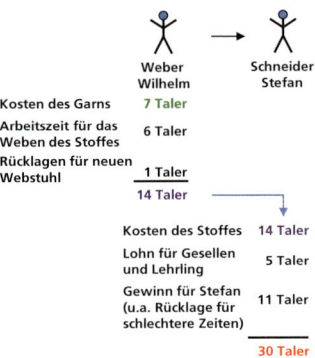

Die Wolle hat also mehrere Stufen der Weiterverarbeitung durchlaufen, auf denen sie auf dem Weg zum fertigen Gewand immer weiter vorankam.

Insgesamt sieht das Bild jetzt so aus:

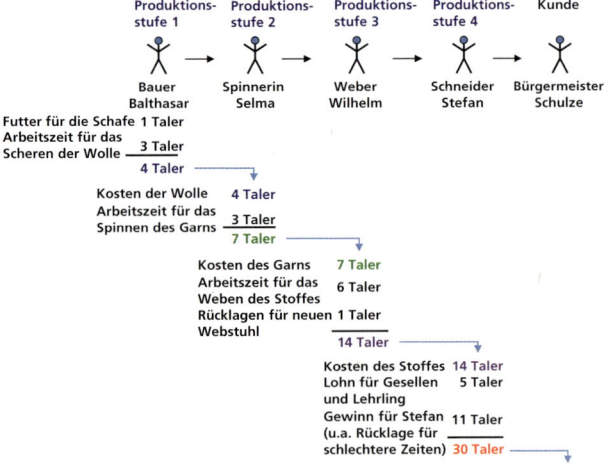

Die Volkswirte sagen, dass die Wolle über mehrere **Produktionsstufen** veredelt wurde. Von Stufe zu Stufe, also hier vom Bauern zum Handwerker, und weiter von Handwerker zu Handwerker, steigt der Wert dessen, was hergestellt wird.

Diese einzelnen Produktionsstufen sind wie Perlen auf einer Kette aufgereiht. Daher wird dies auch als **Wertschöpfungskette** bezeichnet. Man kann sich dazu vielleicht vorstellen, dass es ein unendlich großes Fass gibt, in dem der gesamte mögliche Wert aller Waren der Welt enthalten ist. Aus diesem Fass schöpft jeder der Beteiligten eine oder mehrere Handvoll Wert und befestigt diesen Wert an der Ware, wenn er oder sie arbeitet.

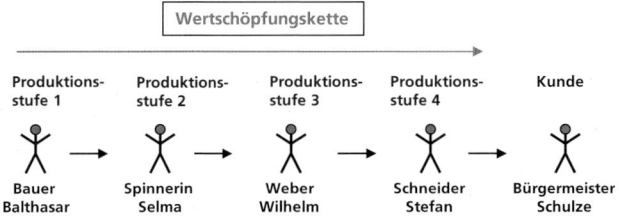

Dieses Bild können wir noch etwas ergänzen.

Spinnerin Selma hat für 4 Taler Wolle eingekauft (das ist also ein **Einkaufspreis**) und stellt durch ihre Arbeit daraus etwas her, das wertvoller ist als Wolle: nämlich Garn. Für ihre Arbeit will sie 3 Taler haben. Sie verkauft also das Garn für 7 Taler weiter (das ist also der **Verkaufspreis**). Ihr Kunde, Weber Wilhelm, hat diesen Preis bezahlt, weil ihm das gute Garn, das Selma herstellt, diesen Preis wert war.

Durch das, was Selma mit der Wolle gemacht hat, ist etwas entstanden, das *mehr wert* ist, nämlich das Garn.

> Den Betrag, um den der Wert der Ausgangsmate-
> rialien im Laufe der Produktion gestiegen ist,
> nennen die Fachleute **Mehrwert.**

Die 3 Taler, die zustande kommen, wenn man den
Einkaufspreis vom Verkaufspreis abzieht, sind also
der **Mehrwert**, den Selma hinzugeschöpft hat (aus
dem unendlich großen Fass mit all dem Wert der
Waren dieser Welt).

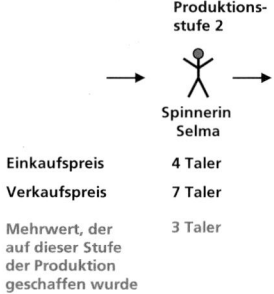

	Produktions- stufe 2
	Spinnerin Selma
Einkaufspreis	4 Taler
Verkaufspreis	7 Taler
Mehrwert, der auf dieser Stufe der Produktion geschaffen wurde	3 Taler

Diesen Mehrwert kann man von Produktionsstufe zu
Produktionsstufe wachsen sehen. Der Mehrwert, den
der einzelne Handwerker dem Ausgangsprodukt
Wolle hinzufügt hat, besteht aus dem Wert seiner
eigenen Arbeit (also dem Lohn, den er bekommt)
und aus den zusätzlichen Aufschlägen.

Insgesamt sieht der entstandene Mehrwert so aus:

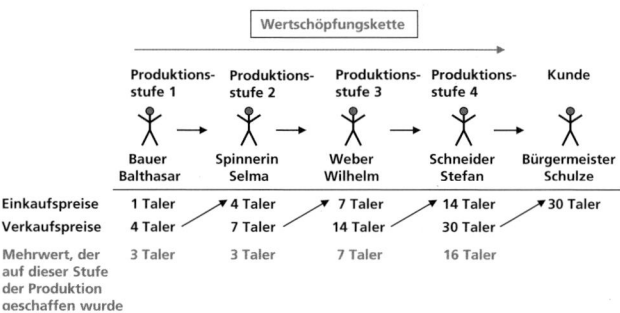

Wertschöpfungskette

	Produktions- stufe 1	Produktions- stufe 2	Produktions- stufe 3	Produktions- stufe 4	Kunde
	Bauer Balthasar	Spinnerin Selma	Weber Wilhelm	Schneider Stefan	Bürgermeister Schulze
Einkaufspreise	1 Taler	4 Taler	7 Taler	14 Taler	30 Taler
Verkaufspreise	4 Taler	7 Taler	14 Taler	30 Taler	
Mehrwert, der auf dieser Stufe der Produktion geschaffen wurde	3 Taler	3 Taler	7 Taler	16 Taler	

Es sind also $3 + 3 + 7 + 16 = 29$ Taler Wertschöp-
fung entstanden. Um diesen Betrag ist das fertige
Gewand für Bürgermeister Schulze wertvoller als das
Futter für die Schafe, das ganz am Anfang der Produktion stand.

Volkswirte sagen dazu: In der
Wertschöpfungskette ist ein
Mehrwert entstanden in Höhe
von 29 Talern (das ergibt sich
auch, wenn man von dem Preis 30
für das Gewand die Kosten für das Schaffutter in
Höhe von 1 abzieht).

Der Begriff „Mehrwert" wird uns im Kapitel zur Wirtschaftspolitik wieder begegnen, wenn wir uns anschauen, was „Mehrwertsteuer" bedeutet.

3

Auf dem Weg in das 20. Jahrhundert wandelt sich das Wirtschaften – neue Spielregeln entstehen

In der Zeit des Mittelalters waren manche Familien sehr reich geworden aufgrund der Handelsgeschäfte, die sie betrieben. Viele hatten ihre so verdienten Reichtümer in das noch gewinnbringendere Geldgeschäft eingebracht.

Im Italien des 14. Jahrhunderts zum Beispiel war die Familie der Medici aus Florenz führend in der damaligen europäischen Finanzwelt (also all denjenigen, die sich mit Geldgeschäften befassen).

Auf dem Gebiet des heutigen Deutschland wurde ungefähr zur selben Zeit die Familie Fugger sehr bedeutend. Im Jahr 1367 n. Chr. zog der Weber Hans Fugger in die Stadt Augsburg, und nach nur neun Jahren hatte er es dort bereits zum ersten Zunftmeister der Augsburger Weber gebracht. Über die Jahrzehnte und Jahrhunderte hinweg wurde die Familie Fugger durch den Handel mit Wolle, Seide, aber auch Metallen aus Bergwerken sehr reich. Aus dem erworbenen Reichtum liehen sie sogar Königen und Fürsten Geld.

Auch andere Menschen betrieben Geldgeschäfte und über die Jahrhunderte entstanden **Banken** schon fast so, wie wir sie heute kennen.

Auf dem Weg vom Mittelalter in unsere heutige Zeit hinein entwickelten sich auch die technischen Kenntnisse immer schneller weiter. Mit Dampf konnte man nicht nur Eisenbahnen in Fahrt bringen, sondern auch andere Maschinen antreiben. Die Nutzbarmachung des elektrischen Stroms war ebenso eine bahnbrechende Erfindung wie der Bau der ersten Motoren. Erfinder stellten Weltneuheiten her, die andere Menschen auf bis dahin undenkbare Ideen brachten und damit allmählich die Art und Weise des Wirtschaftens und des Handels veränderten.

Unsere Helden folgen uns nun weiter auf unserer Zeitreise durch die Welt des Wirtschaftens.

Für viele Menschen brachte die neue Technik allerdings auch weniger erfreuliche Veränderungen. Für Weber Wilhelm zum Beispiel wurde es immer schwerer, seine handgewebten Stoffe zu verkaufen. Andere Menschen waren nämlich auf die Idee gekommen, Webstühle mit Maschinen anzutreiben. Sie hatten **Unternehmen** gegründet und **Fabriken** errichtet.

Wir sind nun an einem Punkt unseres Wirtschaftens angekommen, an dem wir wichtige neue Begriffe klar auseinander halten müssen. In unserer Alltagssprache werden die folgenden Begriffe oftmals durcheinander verwendet, wenn von einem Unternehmen gesprochen wird: Unternehmen, Firma, Fabrik, Werk, Betrieb … Diese Begriffe haben jedoch jeder für sich eine ganz bestimmte Bedeutung.

Was „rechtlich selbständig" bedeutet, wird ein paar Seiten später erklärt.

Ein **Unternehmen** ist ein rechtlich selbstständiges Gebilde, das etwas herstellt oder Dienstleistungen organisiert. Es braucht dafür eine bestimmte Organisationsform.

Eine **Firma** ist der Name, unter dem ein Unternehmen seine Geschäfte betreibt.

Wenn Kaufleute von einem **Betrieb** reden, meinen sie damit die technische Sicht auf ein Unternehmen (also dessen Standort, Maschinen, technische Arbeitsabläufe etc.).

Die **Fabrik** ist das Gebäude, in dem mit Hilfe von Maschinen und Menschen etwas hergestellt wird. Manchmal wird hierfür auch das Wort **Werk** verwendet.

Fasst man das alles zusammen, kann man auch sagen: Ein Unternehmen betreibt unter dem Namen seiner Firma eine Fabrik, in welcher der Betrieb zu Hause ist.

Unternehmer nennt man Menschen, denen ein Unternehmen gehört.

In einer der neuen Fabriken konnten viele Maschinen gleichzeitig pro Stunde viel mehr Stoff herstellen als Weber Wilhelm an seinem handbetriebenen Webstuhl. Weil die Maschinen immer mit der gleichen Geschwindigkeit arbeiteten und keine Gesundheitsprobleme kannten, wurden die Stoffe absolut gleich. Eine solche Stoffqualität konnte Weber Wilhelm mit der Hand nicht herstellen. Wie viele andere Weber musste auch Wilhelm aufgeben. Er zog an den Rand der Stadt, in der sich die neuen Fabriken angesiedelt hatten. Er hoffte, in einer solchen Fabrik arbeiten zu können und so für sich und seine Familie Geld zu verdienen.

Spinnerin Selma erging es nicht viel anders: Auch Garn wurde nun von Maschinen hergestellt. Sie versuchte ebenfalls, in einer Fabrik Arbeit zu finden. Allerdings fand sie eine Arbeit als Haushälterin, die ein wenig besser bezahlt wurde. Außerdem arbeitete sie dabei in einem sauberen Haus und nicht in einer schmutzigen Fabrikhalle. Ihre Herrschaft (so wurden die reichen Bürger von ihren Bediensteten genannt) war mit einer der neuen Fabriken reich geworden und konnte sich nun Hausangestellte leisten.

Bauer Balthasar hatte sich dazu entschlossen, auf dem Land zu bleiben. Er liebte seinen Beruf und nutzte jede Möglichkeit, die sich ihm bot, um seine Felder zu vergrößern. Viele seiner Nachbarn zogen nämlich ebenfalls in die Städte und gaben ihren Hof auf.

Balthasar kaufte ihnen den Hof ab oder pachtete das verlassene Land von dessen **Eigentümer** („Eigentümer" ist jemand, dem etwas gehört; „pachten" bedeutet so viel wie mieten, nur dass Mieten immer für Gebäude oder Wohnungen gezahlt werden, eine Pacht dagegen für Ackerboden oder Gärten). Er konnte nun mehr Gemüse und Getreide anbauen und hatte größere Weiden für noch größere Viehherden.

So konnte er mehr Geld verdienen und auch Knechte und Mägde einstellen („Knecht" wurde ein Mann genannt, der für einen Bauern auf dessen Hof arbeitete. Eine Magd war eine Frau, die auf einem Bauernhof arbeitete, der nicht ihr oder ihrem Mann gehörte). Schließlich hatte er so viel verdient, dass er ein zweites Fuhrwerk und zwei weitere Pferde kaufen konnte. Damit fuhr ein Knecht das Gemüse nun auch in eine weiter entfernt liegende Stadt.

Außerdem hatte er davon gehört, dass es sehr bald Fabriken geben würde, in denen Unmengen von

Broten gebacken werden sollten. Dafür würde sehr viel mehr Getreide erforderlich sein als ein einziger Bauer liefern konnte. Balthasar sprach schon mal mit anderen Bauern in seiner Nähe, die nicht so gut verhandeln konnten wie er. Wenn es wirklich bald so eine Brotfabrik geben würde, könnte er doch auch das Getreide der anderen Bauern mitverkaufen.

Vorteile davon würden alle haben:

- Die anderen Bauern würden nicht lange nach Käufern suchen müssen und ihnen verdarb in der Zwischenzeit kein Getreide mehr oder verbrannte oder wurde geklaut oder … Sie konnten ihm das Getreide also viel günstiger verkaufen, wenn er ihnen ihre gesamte geerntete Getreidemenge sofort abkaufte.

- Die neuen Fabrik-Besitzer müssten nicht mühsam mit vielen Bauern verhandeln, um die großen Mengen an Getreide zu beschaffen, die sie für ihre Fabrik brauchten. Sie könnten alles bei ihm einkaufen. Die Fabrikbesitzer sparten also viel Suchzeit und konnten sich stattdessen darum kümmern, Käufer für ihre Brote zu finden.

- Für Balthasar selbst eröffnete sich eine neue Möglichkeit, Geld zu verdienen. Den zweiten Beruf, den er nun vor sich hatte, nennt man **Großhändler** (wie der Name sagt, handelt er mit großen Mengen, im Unterschied zu einem **Einzelhändler**, der kleine Mengen verkauft). Denn selbst wenn Balthasar auf die niedrigeren Preise, die die Bauern von ihm bekamen, noch seinen Arbeitslohn und Gewinn aufschlug, sparte der Fabrikbesitzer immer noch genug Geld ein.

Balthasar sah in den Veränderungen vor allem die Chancen, die sich nun für ihn ergaben. Andere Menschen standen den Neuerungen sicherlich eher zurückhaltend und vielleicht auch ein wenig ängstlich gegenüber.

Die Erfindung von Maschinen, die erst mit Dampf und später mit Strom angetrieben wurden, bedeutete für sehr viele Menschen riesengroße Veränderungen ihres gesamten Lebens. Deswegen wird diese Zeit auch „**Industrielle Revolution**" genannt. Im Bedeutungswörterbuch des Duden steht zu „Revolution": „…Umwälzung der bisher geltenden … Techniken…". In diesem Band des Duden erfährt man ebenso, dass **„Industrie"** alle Unternehmen meint, in denen Produkte entwickelt und hergestellt werden. Im Unterschied zu Handwerksbetrieben werden in der Industrie *sehr große* Mengen eines Produktes mit Maschinen hergestellt.

Gehen wir in der Geschichte des Wirtschaftens weiter, dann kommen wir in der Zeit um 1870 n. Chr. in die sogenannte **Gründerzeit**. In dieser Zeit wurden viele der heutigen großen Industrieunternehmen und auch viele der heute großen Banken gegründet.

Mit der Entstehung von Fabriken kam die Unterscheidung zwischen **Arbeitern** und **Angestellten** auf. **Arbeiter** waren in der Produktion tätig und arbeiteten körperlich sehr hart. Viele Menschen waren nur von einem Tag bis zum nächsten als Arbeiter beschäftigt, und bekamen am Ende des Tages ihren **Lohn** auf die Hand ausbezahlt (deswegen nannte man diese Arbeiter auch Tagelöhner). Am nächsten Tag mussten sie wieder nachfragen, ob es Arbeit für sie gab. Andere Arbeiter wurden nach der Menge an Dingen bezahlt, die sie am Tag erstellten.

Angestellte arbeiteten in den Büros von Unternehmen und Banken. Sie erhielten ein festes monatliches **Gehalt** (so wurde deren Lohn genannt) in immer derselben Höhe.

In den neuen Industrieunternehmen konnte man mehr Geld verdienen als in der Landwirtschaft, sofern man Arbeit fand. Die meisten Arbeiter und Angestellten allerdings lebten in schlechten *Behausungen* und waren arm. Wer krank wurde, konnte nicht arbeiten und bekam dann auch kein Geld mehr. Einen Arzt konnten nur die wenigsten bezahlen.

Auch die Kinder sehr vieler Familien mussten früh arbeiten, damit ihre Eltern und Geschwister halbwegs überleben konnten. Sie arbeiteten in der Landwirtschaft, in Bergwerken und auch in den neuen Fabriken, wurden schlecht bezahlt und hatten keine Zeit mehr, ausreichend gut lesen und schreiben zu lernen.

> Es gab auch einige wenige Unternehmer, die vorbildlich für die Menschen sorgten, die in ihren Fabriken arbeiteten. Sie bauten Arbeitersiedlungen und gründeten eine betriebseigene Krankenversorgung, so dass auch erkrankte Arbeiter und ihre Familien nicht hungern mussten.
>
> Zu diesen Unternehmern gehörten Robert Bosch, Werner von Siemens und die Familie Krupp.
>
> Andere Reiche gründeten Wohlfahrtsvereine, die es sich zur Aufgabe machten, für kranke und arme Menschen zu sorgen. Glück im Unglück hatte, wer bedürftig war und von diesen Vereinen Hilfe erhielt.

Die Arbeitszeit dauerte meistens 12 Stunden am Tag und dies an sechs Tagen die Woche. Und da Arbeiter und auch viele Angestellte nur wenig Geld bekamen, konnten sie sich kein Pferd leisten. Sie mussten vor und nach der Arbeit oft lange Fußmärsche zurücklegen zwischen ihrer Wohnung und dem Ort, an dem sie arbeiteten. Nur der Sonntag war frei. Urlaub war damals weitgehend unbekannt.

Im Laufe der Jahrzehnte schlossen sich Arbeiter zusammen und kämpften gemeinsam für bessere Bezahlung, bessere Arbeitsbedingungen oder auch eine zumindest kleine Unterstützung für Arbeiter, die sich verletzt hatten oder krank wurden. Es entstanden nach und nach neue Institutionen, z. B. die Gewerkschaften der Arbeiter und schließlich auch Kranken- und Rentenversicherungen. Die Politiker erkannten Ende des 19. Jahrhunderts, dass sozialer Frieden nur dann herrschen kann, wenn wenigstens ein Minimum an Absicherung auch für die ärmeren Bevölkerungsschichten besteht. Der Staat schuf also die Voraussetzungen hierfür durch Gesetze.

Welche Bedeutung haben Banken für das moderne Wirtschaften?

Eine besondere Art von Unternehmen sind die **Banken**.

Banken haben heute für unser Wirtschaften eine ganz besondere Bedeutung:

- Sie versorgen die Wirtschaftenden mit Geld und bieten die Möglichkeit, Geld anzulegen, um Zinsen zu verdienen.

- Sie transportieren Geld und ermöglichen es so den Wirtschaftenden, Waren und Dienstleistungen, die sie gekauft haben, zu bezahlen.

Kunden von Banken sind sowohl Privatpersonen und Unternehmen als auch der Staat und andere Banken.

Am Übergang vom Mittelalter zu unserer modernen Zeit gründeten viele Menschen, die mit anderen Berufen oder mit dem Handel wertvoller Stoffe reich geworden waren, Banken.

Diese Banken allerdings nahmen nur Unternehmen, Unternehmer und sehr reiche Menschen als Kunden auf. Alle anderen Menschen hatten lange Zeit nur die Möglichkeit, ihr weniges erspartes Geld zu Hause aufzubewahren. Sie versteckten es vor Räubern in Kleidungsstücken, unter ihrer Matratze oder oben auf einem *Schrank*.

> Daher kommen unsere heutigen Redensarten wie „etwas im Sparstrumpf haben" oder „etwas auf die hohe Kante legen".

Um auch ärmeren Menschen eine sichere Art des Sparens zu geben, entstanden andere Arten von Banken. Nämlich solche Banken, die auch kleinste Beträge annahmen. Weniger Reiche mussten nun nicht mehr ihr ganzes gespartes Geld zu Hause aufbewahren.

Und sie konnten sich bei diesen anderen Banken kleine Geldbeträge leihen, wenn sie einen Arzt oder Anderes bezahlen mussten. Manche dieser neuen Banken für die vielen ärmeren Menschen nannten sich **Volksbanken** oder **Raiffeisenbanken** (Herr Raiffeisen war einer der Gründer solcher Banken). Sie wurden als sogenannte **Genossenschaften** gegründet. Das war eine Art Verein, in dem die Menschen Mitglied waren, die Kunden dieser Volks- oder Raiffeisenbank werden wollten.

> Eine andere Form einer solchen Genossenschaft war ein „Konsumverein".
>
> Menschen zahlten Mitgliedsbeiträge ein. Der Verein kaufte Lebensmittel in sehr großen Mengen und damit billiger ein.
>
> Die Mitglieder des Konsumvereins konnten nun billiger einkaufen und deshalb vielleicht sogar einen Teil ihres Lohnes für schlechtere Zeiten sparen.

Und auch **Sparkassen** wurden gegründet. Sparkassen funktionieren wie Banken und wurden meist von Kommunen gegründet, die so die Lebensbedingungen ihrer ärmeren Einwohner verbessern wollten.

Um die Wirtschaftenden mit Geld zu versorgen, bieten Banken heute zwei verschiedene Arten von Produkten an:

- **Geldanlagen**: Kunden bringen Geld zur Bank.

- **Kredite**: Kunden leihen sich Geld.

Kunden können verschiedene Möglichkeiten nutzen, um Geld bei Banken anzulegen: Hierzu werden wir später mehr erfahren, wenn wir Sparkonten und Termingeld kennenlernen.

Banken können ihren Kunden auch anders zu Geldanlagen verhelfen, zum Beispiel, wenn sie im Auftrag ihrer Kunden Geldanlageprodukte an einer **Börse** kaufen. Eine **Börse** ist ebenfalls ein Unternehmen und bietet einen Markt an, auf dem **Kapital** gehandelt werden kann. (Es gibt auch andere Börsen, auf denen Rohstoffe oder Waren gehandelt werden. Das interessiert uns hier jedoch nicht.)

Das Geld, das Banken von ihren Eigentümern erhalten haben, und auch das Geld, das sie als Geldanlage von Kunden bekamen, verleihen Banken als Kredite. Wie das genau geht, werden wir später erfahren.

Wir erinnern uns: Schon im Mittelalter haben die Bancherii ihren Kunden geholfen, Zahlungen ohne Bargeld durchführen zu können. Und bereits damals wurden die Geschäfte der Bancherii in **Konten** notiert.

In unserer modernen Welt werden die meisten **Zahlungen** nur noch elektronisch, also in Computern, durchgeführt. Das bedeutet, dass Kunden ihren Banken den Auftrag geben, Geld von ihrem Konto weg und auf ein anderes Konto drauf zu **buchen**. Damit das einfacher ablaufen kann, hat jedes Konto eine eigene Nummer, die **Kontonummer**. Einen solchen Auftrag an eine Bank nennt man **Überweisung**. Es gibt viele Varianten von Überweisungen, die es Kunden und auch den Banken einfach machen, einen solchen Transport von Geld zu veranlassen. Mehr hierzu würde uns an dieser Stelle allerdings zu tief in die Einzelheiten führen.

Für uns ist wichtig zu wissen, dass der größte Teil des Geldes nie als Bargeld das Licht der Welt erblickt. Es entsteht, indem es auf ein Konto gebucht wird. Es existiert nur in einem „Buch" und wird daher auch **Buchgeld** genannt. Buchgeld und Bargeld zusammen bilden die Menge an Geld (also die **Geldmenge**), die in unserem Staat insgesamt unterwegs ist.

> Das wird wichtig für das Thema Konjunktur.

Den modernen elektronischen Transport von Buchgeld nennt man **Zahlungsverkehr**. Da es viele Banken gibt, aber jede Bank nur auf den Konten buchen kann, die sie selber in ihren „elektronischen Büchern" (also ihrem Computer) hat, müssen Informationen über vorzunehmende Buchungen auch zwischen den Banken getauscht werden.

An dieser Stelle kommt eine ganz besondere Bank ins Spiel: die **Zentralbank**. Die Zentralbank gehört dem Staat, handelt aber unabhängig und selbstständig. Damit Geld auch zwischen unterschiedlichen Banken fließen kann, hat jede Bank ein eigenes Konto bei der Zentralbank, dessen Kontonummer ein Teil der **IBAN** (**International Bank Account Number**, deutsch: internationale Bankkontonummer) ist.

> Die Aufgaben der Zentralbank und das Wissen über die Geldmenge sind wichtig für die Themen Konjunktur und Finanzkrise.

Eine IBAN hat immer 22 Stellen und sieht z.B. so aus:

DE54 5109 0000 0012 3456 78

In Deutschland haben die einzelnen Stellen der IBAN folgende Bedeutung:

DE54: Ländercode und Prüfziffer

5109 0000: Bankleitzahl

0012 3456 78: Kontonummer des Kunden bei dieser Bank

Bei Zahlungen, die Deutschland verlassen sollen, muss außer der IBAN auch der **BIC** angegeben werden. BIC bedeutet „Business Identifier Code", eine Kennziffer für die Weiterleitung von Zahlungen an Bankengruppen. Die IBAN muss bei jeder Zahlung ebenso genannt werden wie der Name des Empfängers und dessen Kontonummer.

Der BIC ist nur dann wichtig, wenn Zahlungen Deutschland verlassen sollen.

Jede Bank stellt jeden Abend alle Informationen zusammen, die Zahlungen für Kunden *anderer* Banken betreffen. Fachleute nennen das eine **Zahlungsverkehrsdatei**.

Die Staaten der Europäischen Union haben sich auf einen neuen einheitlichen Aufbau der Zahlungsverkehrsinformationen geeinigt, der SEPA genannt wird („Single Euro Payment Area" = „Einheitlicher Euro-Zahlungsverkehrs-Raum") und seit 2012 für alle Banken und Bankkunden in europäischen Staaten verwendet werden muss.

Auch weltweit gibt es den Versuch, einheitliche Informationen für die Weitergabe von Zahlungsinformationen zu schaffen.

Damit diese neuen Vorgaben in allen Bank-Computern verwendet werden können, musste jede Bank ihre Computersysteme ändern. Das war sehr teuer. Entsprechend lange hat es gedauert, bis Zahlungsinformationen überall gleichermaßen in Computern verarbeitet werden konnten.

Vorstellen kann man sich das wie einen Zug mit sehr vielen Waggons. In jedem Waggon sind alle Information drin für eine einzige ganz bestimmte Zahlung an einen Kunden einer ganz bestimmten anderen Bank enthalten: Gelbe Waggons sind für Bank Gelb, rote Waggons für Bank Rot usw. …

Der Zahlungsverkehrs-Zug:

Jeder Waggon ist eine Zahlung für einen Kunden

Eine solche Zahlungsverkehrsdatei (bildlich also ein Zahlungsverkehrszug) wird jeden Abend von jeder Bank an die Zentralbank geschickt.

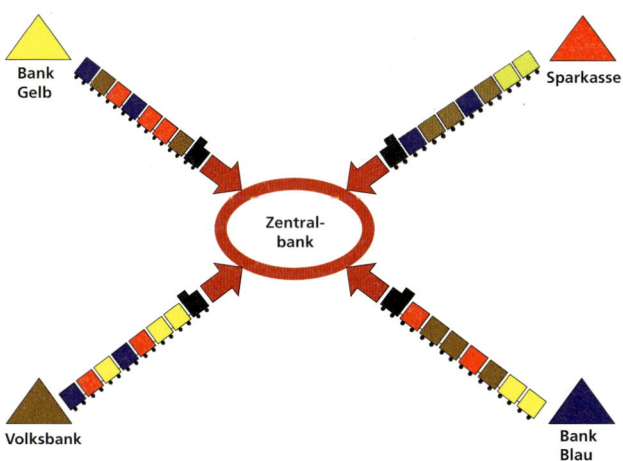

Die Zentralbank macht anschließend zwei wichtige Dinge:

- Sie sortiert die *Informationen* so um, dass vier neue Zahlungsverkehrsdateien entstehen, in denen nur noch Informationen für dieselbe Bank gesammelt sind. Wie auf einem Rangierbahnhof werden die Waggons sortiert und diese neuen Züge an den richtigen Empfänger weitergeleitet.

  Die Banken erhalten so die Informationen, die sie brauchen, um das Geld auf die richtigen Konten der Zahlungsempfänger buchen zu können.

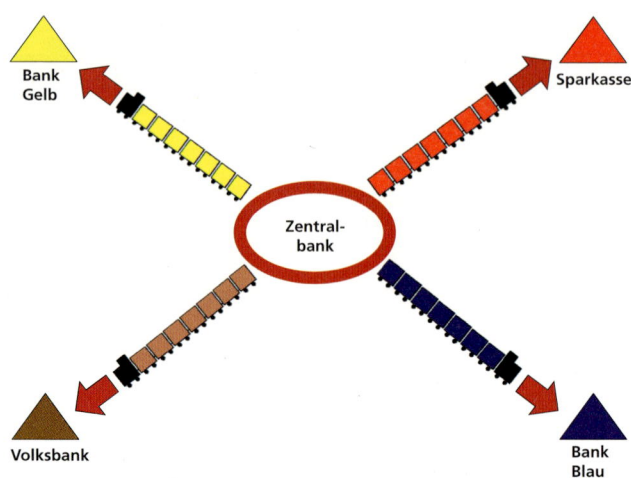

- Außerdem zählt die Zentralbank zusammen, wie viel Geld die Kunden einer Bank an Kunden anderer Banken überweisen wollen. Diese Summen bucht die Zentralbank dann in ihrem eigenen Computer auf den Konten der Banken. Damit ist auch das *Buchgeld* zwischen den Banken transportiert worden.

Das geht allerdings nur, wenn jede Bank, die Geld an eine andere Bank abgeben muss, ausreichend eigenes Buchgeld auf ihrem Konto bei der Zentralbank stehen hat. Falls eine Bank sich zum Beispiel mal verrechnet hat, kann sie sich bei anderen Banken oder auch bei der Zentralbank Geld leihen.

Aufgrund ihrer Aufgabe im Zahlungsverkehr weiß die Zentralbank immer genau, wie groß die **Geldmenge** ist, die im Staat umläuft.

Das wird wichtig für das Thema „Konjunktur".

Für alles, was Banken tun, ist es wichtig, dass sie jederzeit genügend Geld haben, um die Aufträge ihrer Kunden auch ausführen zu können, also zum Beispiel Buchgeld zu einer anderen Bank schicken oder gespartes Geld als Bargeld an Kunden wieder zurückzahlen zu können. Dieses Grundvertrauen, dass alle Kunden zu den Banken haben, ist wichtig für unser Wirtschaften.

Deshalb hat der Staat wichtige Regeln geschaffen, die von den Banken unbedingt einzuhalten sind. Eine Regel lautet zum Beispiel:

> Das wird wichtig, wenn wir uns mit der Finanzkrise befassen.

Banken dürfen nicht unbegrenzt Kredite vergeben.

Die Gesamtsumme aller von einer Bank vergebenen Kredite wird auch begrenzt durch die Menge an Geld, das diese Bank von ihren Eigentümern erhalten hat. Eine andere Regel sagt, dass Banken immer einen bestimmten Teil der Gelder, die sie als Geldanlagen von Kunden erhalten haben, auf ihrem Konto bei der Zentralbank haben müssen. Die Einhaltung aller Regeln wird durch Behörden kontrolliert, die auch **Bankenaufsicht** genannt werden.

Bis jetzt haben wir uns angeschaut, wie der Zahlungsverkehr *innerhalb* eines Staates funktioniert. Überweisungen von Geld in einen anderen Staat

> Wie Geld in andere Staaten kommt, sollten wir beim Thema Globalisierung wissen.

sind nicht ganz so einfach – und das liegt nicht nur daran, dass der zu überweisende Betrag in eine andere **Währung** umgerechnet werden muss.

Weil in der Vergangenheit jeder Staat den Zahlungsverkehr nur innerhalb seiner eigenen Grenzen organisiert hat, sind die Regeln und die Art der für Überweisungen wichtigen Informationen im **Ausland** ein wenig anders.

Deswegen haben große Banken in (fast) jedem Staat eine Partnerbank. Diese Partnerbanken richten in ihren Computern füreinander jeweils ein Konto ein. Wenn einer ihrer Kunden Geld in das Land der Partnerbank überweisen will, teilen sich die Banken das mit – und zwar über ein Informationsnetzwerk namens **S.W.I.F.T.** (Society for World Wide Interbank Financial Transactions = Gesellschaft für weltweite finanzielle Überträge zwischen Banken).

Die Partner buchen dann auf das Konto des jeweils anderen den zu zahlenden Betrag und hoffen, dass jede Bank an den Partner die gleiche Summe weitergibt. Der Transport des Buchgeldes hin zur Bank des Zahlungsempfängers geht dann über die Zentralbank in dessen Staat.

Wie kann man große Ideen finanzieren und wofür haften Unternehmen und wie geht das?

Nehmen wir mal an, Bäcker Bodo hat im Laufe der Zeit schon viel Geld verdient und ist reich geworden: In seiner Bäckerei beschäftigt er mehrere Bäckergesellen, die guten Kuchen und gute Brote herstellen. Manchmal aber ärgert er sich darüber, dass einige Kuchen zu lange im Ofen sind und fast schwarz werden, wenn einer der Gesellen nicht aufpasst. Und manchmal ist so viel zu tun, dass die Brote zu früh aus dem Ofen geholt werden und nicht ganz ausgebacken sind.

Bodo meint, dass er noch viel mehr Kuchen und Brote herstellen könnte und zwar mit immer derselben guten Qualität, wenn er die neue Technik einsetzen und eine Fabrik für Backwaren bauen würde. Er träumt davon, dass in dieser Fabrik Maschinen den Teig rühren, kneten und in Formen umfüllen. Diese Formen würden danach auf einem Fließband für genau die richtige Dauer durch einen langen Backofen laufen und als genau richtig ausgebackene Kuchen oder Brote am Ende automatisch verpackt werden.

Bodo rechnet alle Kosten zusammen, die beim Bau der **Fabrik** anfallen werden.

Weil diese Fabrik viel größer sein wird als es seine Bäckerei heute ist, kann er nicht mehr alles selber tun. Er muss die Brotfabrik also ganz anders organisieren: Er braucht Menschen, die sich um den Einkauf von Getreide oder Mehl, Zucker, Gewürzen und so weiter kümmern. Andere werden sich um den Verkauf der Brote kümmern müssen. Außerdem braucht er Maschinen und Backformen, das Gebäude dafür, die ersten Materialien wie Mehl, Eier usw. und natürlich auch den Lohn für sich und die Menschen, die für ihn arbeiten werden. All das muss bezahlt werden. Man sagt dazu auch, Bodo muss all das **finanzieren** können.

Wenn Bodo ein Unternehmen gründet, dann besteht von nun an das Unternehmen unabhängig von ihm. Es hat einen eigenen Namen und eine eigene Existenz.

Mit der Gründung des Unternehmens wird es in ein Register eingetragen, das man **Handelsregister** nennt. Das ist so ähnlich wie bei der Geburt eines Menschen: Auch ein Baby wird nach der Geburt in das Geburtsregister eingetragen. Mit der Eintragung in das Handelsregister beginnt das Leben eines Unternehmens: Es ist nun **rechtlich selbstständig**. Das bedeutet, es kann ebenso am Wirtschaften teilnehmen wie ein Mensch: kaufen und verkaufen, einen Kredit aufnehmen oder sparen.

Trotzdem muss man an die Möglichkeit denken, dass das Unternehmen auch **Schulden** haben kann. Bodo könnte auch mal schlecht wirtschaften und mehr Geld ausgeben, als das Unternehmen bezahlen kann. Wenn ein Unternehmen zu wenige der hergestellten Waren verkauft, macht es zu wenig Gewinn. Dann kann das Unternehmen seine **Lieferanten** (also diejenigen anderen Unternehmen, die ihm etwas verkaufen) und **Mitarbeiter** (das sind die Menschen, die in diesem Unternehmen arbeiten) nicht mehr bezahlen und hat deshalb Schulden.

Wichtig ist, dass in jedem Unternehmen klar ersichtlich ist, wer oder was letztendlich für diese Schulden aufkommen muss.

Es gibt mehrere mögliche Formen, wie Bodo sein Ziel, **Unternehmer** zu werden, am besten verwirklichen kann. Sie unterscheiden sich darin, wer wie viel der möglichen Schulden des Unternehmens bezahlen müsste.

Dieses **Schulden**-des-Unternehmens-bezahlen-Müssen nennt man auch **Haftung**.

Es gibt zwei verschiedene Grundformen, wie für Schulden eines Unternehmens gehaftet wird:

- Menschen haften dafür mit ihrem gesamten persönlichen **Eigentum** (also all dem, was ihnen gehört)

- nur das Geld haftet, das Menschen dem Unternehmen gegeben haben.

Aus diesen Grundformen ergeben sich für Bodo drei verschiedene Möglichkeiten, wie er sein Unternehmen gründen kann:

- Er hat selber genügend Geld gespart, dann kann er **Einzelunternehmer** werden.

- Er tut sich mit einem oder mehreren Partnern zusammen und alle haben zusammen genügend Geld. Diese Menschen können zusammen eine sogenannte **Personengesellschaft** gründen.

- Oder Bodo bittet wenige oder sehr viele andere Menschen darum, sich als **Eigentümer** zu beteiligen oder einen sehr großen Kredit zu geben. Wenn man viel Geld von vielen anderen Menschen braucht, bietet sich die Gründung einer **Kapitalgesellschaft** an.

In den nächsten Abschnitten wird erklärt, wie diese Formen von Unternehmen genau funktionieren.

Was sind Einzelunternehmer und Personengesellschafter?

Wenn sein eigenes privates **Vermögen** (also das Geld, das ihm gehört, ebenso wie der Wert der Häuser, die er vorher vielleicht schon gebaut oder gekauft hat usw.) ausreicht, um alles für sein Geschäft zu bezahlen, dann kann Bäcker Bodo Einzelunternehmer werden und allein sein Unternehmen gründen. Wird seine neue Fabrik allerdings kein Erfolg und es will niemand die Brote kaufen, muss er trotzdem die Menschen, die für ihn arbeiten, und all seine Lieferanten bezahlen.

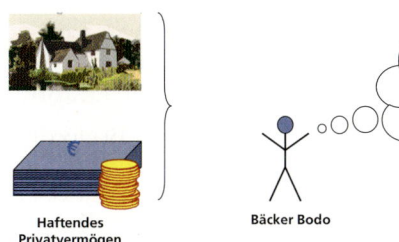

Haftendes
Privatvermögen

Bäcker Bodo

Bodo haftet dann als Einzelunternehmer mit seinem gesamten Privatvermögen für das, was sein Unternehmen am Markt tut.

Wenn er ein eigenes Haus besitzt, wird er das vielleicht auch verkaufen müssen, um die Schulden des Unternehmens bezahlen zu können.

Wenn Bäcker Bodo allein nicht genügend Geld hat, kann er sich auch einen Partner suchen, vielleicht den Müller Martin. Wenn die beiden zusammen eine **Personengesellschaft** gründen, sieht es mit der Haftung nicht viel anders aus.

Wichtig für uns ist, dass in einer Personengesellschaft die Menschen, denen sie gehört, selber für die Schulden des Unternehmens aufkommen müssen.

Warum nehmen Menschen, die Unternehmer werden wollen, ein solches Risiko auf sich?

Der Vorteil einer Personengesellschaft ist, dass man die Partner, die das Unternehmen mitfinanzieren und mit denen man Gewinne und vielleicht auch mal Verluste teilt, genau kennt. Und man weiß ganz genau, mit wem zusammen man wie ein Problem lösen kann, wenn das Unternehmen mal durch schwerere Zeiten geht.

Was tun, wenn man nur einen Teil seines Kapitals riskieren will?

Wenn Bodo und Martin nicht ihr gesamtes eigenes Vermögen riskieren wollen, können sie auch eine sogenannte **Kapitalgesellschaft** gründen. **Kapital** ist hier gemeint als die Summe des gesamten Geldes, welches Menschen dem Unternehmen zum Wirtschaften zur Verfügung stellen. Das Geld gehört dann diesem Unternehmen. **Gesellschaft** ist hier gemeint als eine Vereinigung von Menschen zu einem bestimmten Zweck.

Bei einer Kapitalgesellschaft haftet nur deren Kapital.

Wenn das Unternehmen kein Erfolg wird, können beide Partner maximal das Geld verlieren, das sie dieser Kapitalgesellschaft gegeben haben.

Wenn die beiden das wollen, könnten sie also eine **GmbH** gründen, eine „**Gesellschaft mit beschränkter Haftung**".

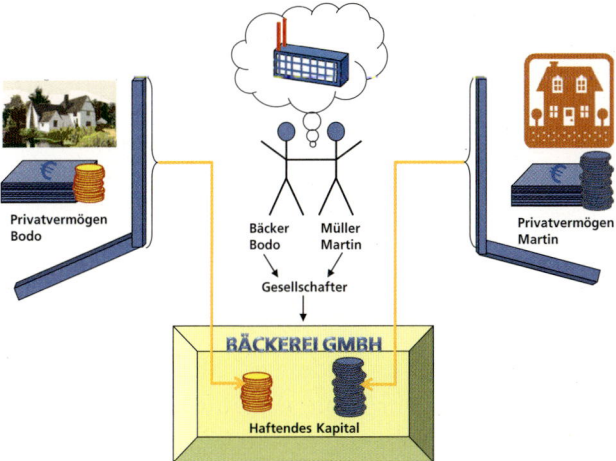

Wie der Name schon sagt, ist bei dieser Unternehmensform die Haftung „begrenzt" (ein anderes Wort für „begrenzt" ist: „beschränkt"). Diese Unternehmensform muss nur so viel von ihren Schulden zurückzahlen, wie sie von den Unternehmern, denen sie gehört, an Geld erhalten hat. Natürlich gibt es Gesetze, die die **Lieferanten** und **Mitarbeiter** einer solchen Gesellschaft vor Betrug schützen. Die Geschäftspartner Bodo und Martin wollen natürlich ehrlich wirtschaften und viel Geld verdienen. Als **Geschäftsführer** sind sie verantwortlich für alles, was die GmbH macht. Unternehmer können selbst Geschäftsführer sein oder andere Menschen für diese Aufgabe einstellen.

Wenn das Unternehmen im Laufe der Zeit immer weiter wächst, wird vielleicht einmal sehr viel mehr neues Geld auf einmal nötig sein. Vielleicht, weil man schnell etwas ganz Neues am Markt verkaufen will, was noch kein anderer herstellt, aber viele Menschen kaufen wollen (das nennt man auch: eine **Marktlücke** nutzen). Oder weil man eine neue Fabrik in einem anderen Land bauen will, um auch diesen Markt zu erschließen.

Es kann sehr mühsam sein, immer wieder mehr und mehr Menschen suchen zu müssen, die genügend Geld haben, um das Unternehmen mitzufinanzieren – und die das auch wollen.

Was kann man tun, wenn man noch sehr viel mehr Kapital braucht?

Was können Bäcker Bodo und Müller Martin tun, wenn sie noch mehr Brote verkaufen und dafür eine zweite Fabrik bauen wollen? So viel Geld haben sie noch nicht gespart, aber sie sind sich absolut sicher, dass ihr gemeinsames Unternehmen noch viel, viel mehr verkaufen könnte, wenn sie es weiter vergrößern würden.

Wir haben schon gesehen, dass Geld in der Volkswirtschaft auch **Kapital** genannt wird.

Ebenso wissen wir schon, dass der Ort, wo Angebot und Nachfrage aufeinander treffen, ein **Markt** ist.

Eine andere Möglichkeit Geld zu beschaffen besteht also darin, an den **Kapitalmarkt** zu gehen. Auf dem

Kapitalmarkt treffen sich Kapitalgeber und Kapital-
suchende.

Kapitalgeber wollen ihr Geld Unternehmern zur
Verfügung stellen. Die Kapitalgeber werden **Investoren** oder auch **Anleger** genannt.

Der Markt, auf dem Investoren die Kapitalsuchenden treffen, ist die **Börse**.

Natürlich können nicht hunderttausend Menschen
gleichzeitig in die Börse hineingehen. Damit das ganze übersichtlich bleibt, werden die Investoren genauso wie die Kapitalsuchenden durch **Börsenhändler**
(also Menschen, die auf dem Markt, den man Börse
nennt, mit etwas handeln) vertreten. Die Börsenhändler sind meist bei einer Bank angestellt und
nehmen alle Aufträge mit in den Handelsraum der
Börse. Früher hat man sich dort die Aufträge noch
zugerufen. Heute werden Aufträge mit einem elektronischen System abgewickelt. Das Handelssystem,
das die Deutsche Börse in Frankfurt am Main nutzt,
heißt XETRA.

Bodo und Martin können also zu der Bank gehen,
mit der sie bisher schon zusammengearbeitet haben,
und gemeinsam überlegen, welche Form der Kapi-
talbeschaffung an der Börse für sie am besten ist.
Vielleicht treffen sie wieder auf Luigi, der für diese
Bank arbeitet und die beiden gern berät. Er hat sich
nämlich auf die Beratung von Unternehmen spezialisiert. Luigi wird den beiden wahrscheinlich raten,
ihre Bäckerei GmbH in eine **Aktiengesellschaft
(AG)** umzuwandeln.

Bodo und Martin müssen zunächst festlegen, wie viel
eigenes Kapital (das bei einer AG **Eigenkapital**
genannt wird) die neue AG braucht, um all die Ge-

schäfte machen zu können, von denen die beiden träumen.

In unserem Beispiel sollen das 5 Millionen Euro sein. Luigis Bank wird nun versuchen, möglichst viele Menschen dafür zu begeistern, Teile von diesen 5 Millionen Euro als Kapital an die neue Bäckerei AG zu geben. Die Bank wird zunächst genau prüfen, ob alles, was Bodo und Martin über ihre derzeitigen Gewinne und ihre Pläne erzählen, auch stimmt. Denn wenn die Bank nun für den Kauf der Aktien dieser neuen AG wirbt und dafür Informationen an interessierte Kaufwillige weitergibt, haftet sie für den Wahrheitsgehalt dieser Informationen. Anleger verlassen sich darauf, dass die Bank richtig geprüft hat und ihre Kapitalanlage sicher ist.

Früher wurden Aktien auf Papier gedruckt und man konnte sie zu Hause in den Schreibtisch legen oder im Tresor seiner Bank aufbewahren lassen.

Heute werden Aktien meist nur noch in elektronischen Rechnern verwaltet. Wenn Aktien noch als ausgedruckte Papiere existieren, liegen sie überwiegend in sogenannten Wertpapiersammelbanken.

Um Kapital von vielen Anlegern bekommen zu können, werden viele *Anteilsscheine* vorgesehen, die zusammen die gewünschten 5 Millionen Euro ergeben. Luigi wird vielleicht vorschlagen, dass ein solcher Anteilsschein, der bei einer AG **Aktie** genannt wird, 10 Euro wert ist. Diesen Wert der Aktie nennt man **Nennwert**. Eine Aktie gilt solange, wie es das Unternehmen gibt.

Das bedeutet nun, dass (5.000.000 : 10 = 500.000) fünfhunderttausend Aktien verkauft werden müssen.

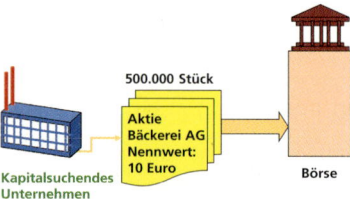

Wenn die Aktie der Bäckerei AG das allererste Mal an der Börse verkauft wird, schlägt die Bank einen Preis vor, den diejenigen zahlen müssen, die diese Aktie haben wollen. Dieser Preis einer Aktie wird **Aktienkurs** genannt. Das ist mindestens der Nennwert. An allen weiteren Börsentagen bildet sich der Aktienkurs dann durch Angebot und Nachfrage. Das bedeutet, dass der Aktienkurs höher oder niedriger sein kann als der Betrag, den der **Aktionär** am ersten Handelstag für die Aktie bezahlt hat.

Wer Aktien an der Börse kauft, wird **Aktionär** genannt und ist nach dem Kauf einer Aktie *Miteigentümer* der Aktiengesellschaft.

Insgesamt sieht unser Bild für den Aktienhandel über die Börse so aus:

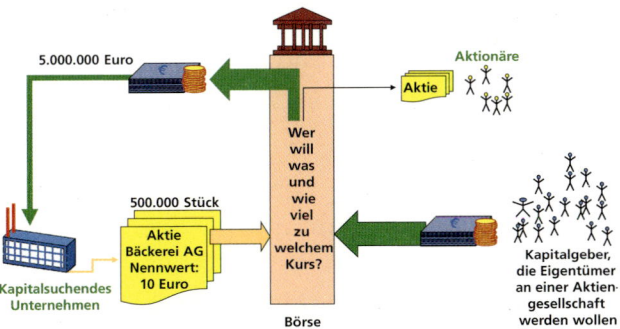

Als Geschäftsführer, die auch gleichzeitig Eigentümer der GmbH sind, konnten die beiden in ihrer Brotfabrik alles frei entscheiden. Das wird sich allerdings ändern, wenn sie ihre Brotfabrik *GmbH* in eine Brotfabrik *Aktiengesellschaft* (AG) umwandeln.

Wenn Bodo und Martin auch künftig Miteigentümer ihrer Bäckerei AG sein wollen, müssen sie selbst ebenfalls Aktien kaufen. Und sie müssen akzeptieren, dass ihr Unternehmen nicht mehr nur daran gemessen wird, wie gut die hergestellten Backwaren sind: Der Wert ihres Unternehmen hängt auch von der Einschätzung von Käufern und Verkäufern ihrer Aktien ab und dem jeweils aktuellen Börsenpreis der Aktien.

Unter den Aktionären gilt, dass der am meisten zu bestimmen hat, der die meisten Aktien besitzt.

Wenn Bodo und Martin weiterhin in der neuen AG am meisten bestimmen wollen, müssen sie zusammen mindestens etwas mehr als die Hälfte der Aktien ihrer neuen Aktiengesellschaft kaufen.

Als Eigentümer haben Aktionäre das Recht, über die wichtigen Entscheidungen im Unternehmen mitzubestimmen. Nun kaufen manche Aktionäre auch mehr als nur eine Aktie. Trotzdem dürfte unsere Bäckerei AG aber gut und gern hundert oder vielleicht auch mehrere tausend oder auch hunderttausend Aktionäre haben.

Damit die Entscheidungsfindung nicht zu einem Chaos wird, wählen die Aktionäre einen **Aufsichtsrat**, der im Alltag darauf aufpasst, dass das Unternehmen vom **Vorstand** richtig geführt wird. Die Mitglieder des Vorstandes verantworten das, was das Unternehmen tut. Sie machen also dieselbe Arbeit wie die Geschäftsführer einer GmbH. Im Alltag berichtet der Vorstand an den Aufsichtsrat über alles Wichtige.

Alle Aktionäre werden mindestens einmal im Jahr eingeladen, sich zu treffen. Dieses Treffen wird **Hauptversammlung** genannt.

Die Hauptversammlung der Aktionäre muss nur noch über die allerwichtigsten Themen abstimmen.

Dafür macht der Vorstand Vorschläge, zum Beispiel über den Teil des Gewinns, der an die Aktionäre ausgezahlt werden soll. Für jede Aktie wird ein bestimmter Anteil am Gewinn ausgezahlt. Diesen Gewinnanteil nennen die Fachleute **Dividende**.

Das bedeutet: Wer viele Aktien gekauft hat, hat damit der Aktiengesellschaft viel Kapital gegeben. Und dafür bekommt er auch einen entsprechend großen Anteil am Gewinn.

Investoren gehen nicht direkt an die Börse. Sie beauftragen eine Bank, die Aktien für sie zu kaufen oder zu verkaufen. Die Bank der Anleger sorgt dann auch dafür, dass die Aktionäre ihre Dividende bekommen.

Auch Unternehmen können an der Börse eigene Aktien oder die Aktien eines anderen Unternehmens kaufen. Das bedeutet, dass die Bäckerei AG nicht mehr alle ihre Eigentümer mit Namen kennen kann.

Aktionäre haben zwei Möglichkeiten, mit Aktien Geld zu verdienen:

- Sie können jedes Jahr ihren Anteil am Gewinn, die Dividende, einnehmen oder

- sie verkaufen die Aktien wieder an der Börse. Das ist immer dann ein gutes Geschäft, wenn der Aktienkurs, zu dem man *ver*kaufen kann, höher ist als der, zu dem man *ge*kauft hat.

Der Preis der Aktie ist der Aktienkurs, das wissen wir schon. Börsenhändler stellen jeden Tag fest, wie viele Aktien gehandelt werden sollen. Dabei gibt es zwei Möglichkeiten:

- **Werden mehr Aktien zum Kauf angeboten, als es dafür Nachfrage gibt, sinkt der Kurs.**

  Das kann zum Beispiel dann passieren, wenn ein Unternehmen wenig Gewinn erzielt. Dann befürchten viele Aktionäre, dass sie keine oder nur wenig Dividende erhalten werden. Sie versuchen möglichst schnell diese Aktien zu verkaufen, um wenigstens noch am Verkaufspreis der Aktien zu verdienen.

- **Ist die Nachfrage nach einer bestimmten Aktie größer als das Angebot, steigt der Kurs.**

  Das kann im umgekehrten Fall passieren, wenn ein Unternehmen zum Beispiel gerade einen über lange Jahre laufenden Liefervertrag abgeschlossen hat, der hohe Gewinne über Jahre verspricht. Dann wollen viele Menschen diese Aktien kaufen, denn es scheint ja Aussicht auf gute Dividenden zu geben. Und noch dazu kann man darauf wetten, dass der Kurs für die Aktien dieses Unternehmens noch viel weiter steigen wird. Man könnte also auch später vielleicht zu einem viel höheren Kurs wieder verkaufen, und so auf hohe Gewinne hoffen.

An jeder Börse werden die Kurse einiger dort gehandelter Aktien, die man für besonders wichtig hält, zusammengezählt. Die Summe dieser Aktienkurse wird **Index** genannt.

> Die Beobachtung des Börsenindex ist in manchen Phasen der Konjunktur wichtig.

An der Deutschen Börse in Frankfurt/Main wird der Index **DAX** (**D**eutscher **A**ktienindex) genannt. An der Börse in New York werden Aktienkurse von anderen Aktien zusammengezählt. Deren Index heißt **Dow-Jones-Index** (die Herren Dow und Jones waren zwei Menschen, die den Index 1884 erfunden haben).

Steigt dieser Index, bedeutet es, dass diese wichtigen Aktienkurse gestiegen sind. Das wird als gutes Zeichen gewertet, denn viele Investoren wollen Aktien kaufen. Sinkt der Index, ist es umgekehrt: Viele Investoren verkaufen, die Aktienkurse sinken. Das wird als schlechtes Signal für die Entwicklung der gesamten Wirtschaft gedeutet.

Wie können Unternehmen Geld sparen oder leihen?

Grundsätzlich gibt es drei verschiedene Möglichkeiten, zu Geld zu kommen:

- Geld von vielen anderen Menschen leihen

- Geld sparen

- Geld von der Bank leihen

Geld von vielen anderen leihen

Ein Unternehmen kann an der Börse nicht nur Eigenkapital aufnehmen, indem es wie eben gesehen Aktien verkauft.

Wenn sich ein Unternehmen nur für einen bestimmten Zeitraum Geld leihen will, kann es auch eine sogenannte **Schuldverschreibung** an der Börse verkaufen. Das ist so ähnlich wie wir es schon beim Wechsel gesehen haben. Jede Schuldverschreibung hat einen bestimmten Wert. Alle Schuldverschreibungen zusammen ergeben dann die Geldsumme, die sich das Unternehmen leihen will.

Ein Begriff ist wichtig: Sowohl Aktien als auch Schuldverschreibungen haben für den Investor einen bestimmten Wert. Daher werden solche Papiere auch **Wertpapier** genannt.

Ähnlich wie ein Wechsel ist eine Schuldverschreibung an einem bestimmten Tag zur Rückzahlung fällig.

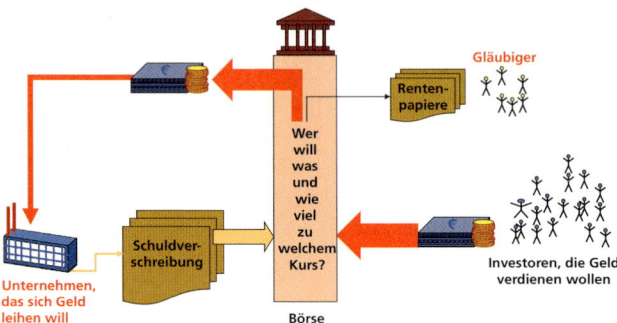

Auch die Schuldverschreibungen verkauft ein Unternehmen mit Hilfe einer Bank an der Börse. Die Bank schlägt beim allerersten Handel für dieses Wertpapier einen ersten **Kurs** (also den Preis an der Börse) vor.

An allen Tagen danach, an denen die Schuldverschreibung an der Börse gekauft und verkauft werden kann, bildet sich der Kurs nach den Spielregeln von Angebot und Nachfrage.

Für eine Schuldverschreibung zahlt das Unternehmen, das sich so Geld von den Investoren leiht, einen festen Zins.

Es gibt viele Arten von Schuldverschreibungen. Damit müssen wir uns hier im Detail nicht beschäftigen.

Wichtig ist aber, dass alle diejenigen Wertpapiere, für die ein *fester* **Zins** gezahlt wird, auch **festverzinsliche Wertpapiere** genannt werden. Wer eine Schuldverschreibung kauft, ist damit **Gläubiger** des Unternehmens geworden. Er verleiht den Betrag, der auf der Schuldverschreibung aufgedruckt ist, und bekommt ihn am Fälligkeitstag zurückerstattet.

Das ist der große Unterschied zwischen Schuldverschreibungen und Aktien.

Beim Kauf einer Schuldverschreibung kann ein Investor ebenfalls auf zwei Weisen Geld verdienen:

- Er kann jährlich die Zinsen verdienen, solange die Schuldverschreibung ihm gehört, oder

- er kann die Schuldverschreibung zu einem höheren Kurs verkaufen als dem, den er beim Kauf bezahlt hatte.

Geld sparen

Wenn Unternehmen Geld sparen, legen sie diese Summe meist als **Termingeld** an. Termingeld bedeutet, dass man mit der Bank vereinbart, wie lange das Geld fest bei der Bank bleiben soll (**Festgeld** für eine bestimmte Anzahl von Monaten) oder wie schnell man wieder darüber verfügen kann (beim **Tagesgeld** wird das Geld von Tag zu Tag wieder neu angelegt).

Die Faustregel ist, je länger das Geld bei der Bank festgelegt ist, desto höher ist der Zins, den die Bank für dieses Geld an den Sparer zahlt.

Warum macht eine Bank das so? – Wenn eine Bank weiß, dass das Geld länger bei ihr bleibt, kann sie besser planen. Eine Bank legt die Ersparnisse ihrer Kunden nicht einfach so in den Tresor. Die Bank nutzt das Geld, um daraus anderen Kunden Geld zu leihen, also Kredite zu vergeben.

Die Bank zahlt für die Geldanlagen ihrer Kunden einen Zins. Aus der Sicht der Bank sind die an Sparer gezahlten Zinsen der Preis für das Geld, das sie von den Sparern bekommt.

Auf der anderen Seite fordert die Bank von ihren Kreditkunden, also denjenigen Kunden, denen sie Geld leiht, die Kreditzinsen. Das sind gewissermaßen die Verkaufspreise der Ware „Geld", mit der Banken handeln.

Und natürlich will die Bank mit ihren Geschäften Geld verdienen. Also sind die Verkaufspreise höher als die Einkaufspreise, genauso wie es bei Händler Hans und den Schuhen von Schuster Simon war.

> Bei einer Bank sind also die **Kreditzinsen**, die Schuldner an die Bank zahlen, immer höher als die **Sparzinsen**, die andere Kunden der Bank für das Geld bekommen, das sie der Bank gegeben haben.

Geld von der Bank leihen

Schauen wir uns zur Einstimmung ein kleines Beispiel an:

Die vier Freunde Jannis, Theodros, Anna und Lukas haben sich in der fünften Klasse kennengelernt. Jetzt, am zweiten Tag der großen Sommerferien, haben sie sich an ihrem Lieblingsplatz am Bach getroffen.

Sie sprechen gerade über andere aus ihrer Klasse. Theodros ist sauer: „Der Kevin ist ganz schön daneben. Ich habe ihm das ganze Jahr über so viel geliehen. Lineal, Buntstifte, Radiergummi, Tintenkiller. Und jetzt hat mir meine Mutter gesagt, dass er mit seinen Eltern weggezogen ist. Die ganzen Sachen von mir sind damit endgültig weg."

Jannis ist entsetzt: „Dann ist auch mein Ersatzfüller verloren. Den hab ich ihm nämlich auch geliehen. Schöner Mist!. … Ich leihe keinem mehr was! … Außer Euch natürlich. Euch vertraue ich."

Lukas weiß nicht so recht: „Nur weil ein Typ daneben ist, kann man doch eigentlich nicht alle bestrafen. Ich hatte Franziska zum Beispiel mal übers Wochenende meinen Nintendo geliehen, so zum Ausprobieren … kam 1a wieder zurück."

Anna meint: „Dann ist sie besser geworden. Die kenne ich aus der Grundschule. Sie wohnt gleich neben uns. Ich habe ihr früher nur etwas geliehen, wenn sie mir ein Pfand gab. Zum Beispiel als sie mal mit meinem neuen Elektroauto spielen wollte. Sie musste mir ihre Lieblingspuppe als Pfand geben. Dann kam mein Spielzeug auch wieder heil zurück."

Theodros sieht das anders: „Ich fand super, wie Franziska dem Carlos geholfen hat, als ihm das Geld für die Monatskarte gestohlen wurde. Sie ist ja Klassensprecherin und hat alle von uns gefragt, ob wir ihm die 30 Euro nicht aus der Klassenkasse leihen wollen. Auch Frau Brecht als Klassenlehrerin war einverstanden. Carlos hätte sonst die ganzen Kilometer zu Fuß gehen müssen, denn seine Eltern sind ziemlich arm. So kann er das Geld in den nächsten Monaten nach und nach zurückzahlen."

Anna gibt zu: „Ja, das war sehr gut. Und auch, dass sie sich bereit erklärte, die Klassenkasse selber erst einmal wieder aufzufüllen, wenn Carlos die Rückzahlung nicht bis zur Klassenfahrt im nächsten Schuljahr schaffen sollte."

Lassen wir die vier nun ihre Ferien genießen.

Welche Erfahrungen haben die vier mit ihren Mitschülern gemacht?

- Nicht jeder, der sich etwas leiht, gibt es auch wieder zurück.

- Den Menschen, die man gut kennt, vertraut man und leiht ihnen gern etwas.

- Es ist sinnvoll, Informationen über andere Menschen einzuholen, bevor man ihnen etwas leiht.

- Manchmal hilft es, sich von anderen ein Pfand geben zu lassen, wenn man ihnen etwas leiht.

- Manchmal kann jemand helfen, der verspricht, notfalls selber die Schulden eines anderen zurückzuzahlen.

So ähnlich ist das auch, wenn Banken ihren Kunden Geld leihen, ihnen also einen **Kredit** geben.

Einen großen Teil dieses Beispiels werden wir wieder aufgreifen, wenn wir uns anschauen, wie Privatpersonen einen Kredit bekommen.

Hier beschäftigen wir uns zunächst damit, was bei Kreditvergaben an Unternehmen wichtig ist.

Die Vergabe von Krediten durch Banken ist sehr wichtig für das moderne Wirtschaften. Kredite ermöglichen es Unternehmen, heute schon neue teure Maschinen anzuschaffen, damit sie Produkte herstellen und später verkaufen können. Und Kredite ermöglichen es Unternehmen, die Löhne ihrer Mitarbeiter und die Lieferanten auch dann bezahlen zu können, wenn sie mal nicht so viele Waren verkaufen konnten, wie sie produziert haben. So können Unternehmen auch schwierige Zeiten überstehen.

Besonders für kleine und mittelgroße Unternehmen, die sich nicht an der Börse Geld leihen können, sind Bankkredite sehr wichtig.

Bevor die Bank Geld verleiht, wird sie sorgfältig prüfen, ob die Gefahr besteht, das Geld zu verlieren. Diese Prüfung schützt die Menschen, denen die Bank gehört, also den einzelnen Eigentümer oder die Aktionäre.

Diese Überprüfungen gehen schneller, wenn eine Bank das Kundenunternehmen sehr gut kennt. Deswegen haben viele Unternehmen eine Bank, mit der sie ganz besonders oft zusammenarbeiten. Diese Bank nennen sie dann ihre **Hausbank**.

> Denjenigen Menschen, die man gut kennt, vertraut man eher.

Für diese Überprüfung gibt es zwei Bezeichnungen, die beide dasselbe meinen, aber von zwei verschiedenen Seiten auf das Thema schauen:

- **Bonitätsprüfung**. Mit **Bonität** ist gemeint, dass die Bank auch einen hohen Betrag an jemanden verleihen kann und trotzdem sicher ist, dass sie das verliehene Geld *zurückerhalten* und die Kreditzinsen dafür ebenfalls bekommen wird.

> Anna schätzt die Bonität von Franziska anders ein als Lukas. Franziska hat sich geändert und heute kann man ihr offenbar etwas leihen. Das Risiko, dass sie etwas zerstört, ist gesunken.

- **Risikoprüfung**. Dann schaut die Bank darauf, wie groß das **Risiko** (das ist die Möglichkeit, dass etwas anders ausgeht als geplant) für sie ist, das Geld zu *verlieren*.

Bei Unternehmen ist die Bonitäts- oder Risikoprüfung viel schwieriger als bei Privatpersonen.

Es zählt nicht nur das Geld, das dem Unternehmen gehört oder das es sich bereits zuvor geliehen hat.

Es ist sinnvoll, Informationen über andere einzuholen, bevor man ihnen etwas leiht.

Es muss zum Beispiel auch der Wert der Verkaufschancen am Markt geschätzt werden. Und es wird beurteilt, ob die **Geschäftsführer** das Unternehmen wirklich gut leiten.

Das ist ziemlich kompliziert und erfordert spezielles Wissen und Können. Diese kompliziertere Einschätzung der Bonität nennt man **Rating**.

Eine hohe **Bonität** bedeutet immer auch ein geringes Risiko, das geliehene Geld zu verlieren.

Je besser die Bonität, desto besser ist auch das sogenannte „**Rating**".

Weil dafür sehr viele Kenntnisse erforderlich sind, haben sich spezielle Unternehmen gebildet, die dieses Rating für andere Unternehmen erstellen. Sie werden **Rating-Agenturen** genannt. Bekannte und weltweit tätige Rating-Agenturen sind zum Beispiel Moody's, Fitch und Standard & Poors.

Das Rating (in anderen Worten also auch: die Einschätzung der Bonität eines Kunden) wird meistens mit Buchstaben und Zeichen dargestellt. Zum Beispiel:

- Die beste Bewertung ist AAA.

- Etwas schlechter ist AA+, noch etwas schlechter AA, noch schlechter AA−, usw. bis A−.

- Genauso geht es weiter mit den Buchstaben B und C; B ist schlechter als A, und C noch schlechter. Mit der schlechtesten Bewertung hat ein Unternehmen kaum Chancen, Kapitalgeber zu finden.

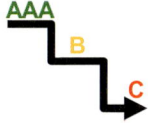

Je schlechter das Rating, desto höher werden die **Kreditzinsen** sein, die die Bank von diesem Kreditnehmer fordert.

> Das wird uns wieder begegnen beim Thema der Finanzkrise ab 2007.

Die geforderten **Kreditzinsen** enthalten immer auch eine Prämie, die ein Geldgeber für das **Risiko** erhält, das verliehene Geld zu verlieren.

Für ein hohes Risiko werden viel höhere Kreditzinsen gefordert als bei Schuldnern mit guter Bonität.

Was passiert eigentlich, wenn ein Unternehmen nicht mehr zahlen kann?

Nehmen wir noch einmal die Brotfabrik von Unternehmer Bodo als Beispiel. Angenommen, Bodo stellt in seiner Fabrik nur Weißbrotscheiben her.

Wenn alle Nachfrager plötzlich nur noch Vollkornbrot essen wollen, und das für immer und ewig, wird Bodo keine Weißbrotscheiben mehr verkaufen können.

Wenn Bodo nicht auf die veränderte Nachfrage reagiert und wie bisher alle Materialien für Weißbrot einkauft und weiterhin Weißbrote bäckt, wird seine Lagerhalle bald randvoll mit unverkauften Packungen dieser Weißbrotscheiben sein.

Es kann auch aus anderen Gründen für ein Unternehmen mal sehr schwierig werden.

Ein Unternehmen kann auch einfach nur Pech haben. Es kann sein, dass es zwar Waren verkauft, aber seine Kunden bezahlen die Rechnungen einfach nicht. Als Folge davon hat auch ein gut wirtschaftendes Unternehmen kein Geld mehr für die Löhne, Gehälter und Lieferanten. Und es kann dann auch keine Kredite mehr zurückzahlen.

> Kann ein Unternehmen seine **Schulden** nicht mehr bezahlen, ist es **zahlungsunfähig**. Das nennt man auch **insolvent**.
>
> **Zahlungsunfähigkeit** heißt auch **Insolvenz**.

Den Schaden aus der Insolvenz haben sowohl die Mitarbeiter als auch die Lieferanten. Und darüber hinaus bei einer Kapitalgesellschaft auch die Menschen, denen das Kapital des Unternehmens gehört. (Bei einer Personengesellschaft natürlich auch noch die Partner oder mindestens auch die Familie des Eigentümers, die plötzlich sehr arm werden kann.) Und natürlich leiden auch Banken oder Privatpersonen, die dem Unternehmen Geld geliehen haben.

Eine **Insolvenz** hat für viele Betroffene schlimme Folgen. Deswegen ist mit einem Gesetz, dem **Insolvenzrecht**, geregelt, was zu tun ist, wenn ein Unternehmen zahlungsunfähig ist.

Sobald der verantwortliche Unternehmer bei einem Gericht die Insolvenz angemeldet hat, beauftragt das Gericht einen **Insolvenzverwalter** damit, von nun an das Unternehmen solange zu leiten, bis es zu einer Lösung des Problems gekommen ist.

Das wichtigste Ziel ist es, dass für die **Gläubiger** so wenig Schaden wie möglich entsteht und das Unternehmen vielleicht sogar gerettet werden kann.

Ein Insolvenzverwalter hat viele Ansatzpunkte, um ein insolventes Unternehmen zu retten. Manchmal reicht es aus, das Unternehmen besser zu organisieren, um es wieder zahlungsfähig zu machen. Manchmal gelingt es, die Gläubiger davon zu überzeugen, einen Teil der Schulden zu erlassen, oder es findet sich ein Investor, der einen großen Teil der Schulden übernimmt. Gelingt das alles nicht, bleibt nur noch, alle Werte zu verkaufen (Grundstück und Gebäude, wenn sie dem Unternehmen gehören, oder die Maschinen usw.). Die Mitarbeiter des Unternehmens verlieren bei dessen Auflösung ihren Arbeitsplatz, die Gläubiger und Eigentümer viel Geld.

Welche Regeln gelten für Unternehmen auf den Märkten?

Einige der Regeln, an die sich Banken halten müssen, haben wir bereits kennengelernt. Auch für alle anderen Unternehmen gibt es Regeln, deren Einhaltung durch den Staat (und auch andere Organisationen) kontrolliert wird.

Eine dieser Regeln betrifft die Entstehung des Preises auf einem Markt durch das freie Zusammenspiel von Angebot und Nachfrage. Das gilt für alle Märkte: die für die Produktionsfaktoren Arbeit und Kapital und die für Dienstleistungen, Rohstoffe und Waren.

Diese Preisbildung funktioniert am besten, wenn immer genügend **Anbieter** da sind, die ihre Produkte auf dem Markt verkaufen wollen.

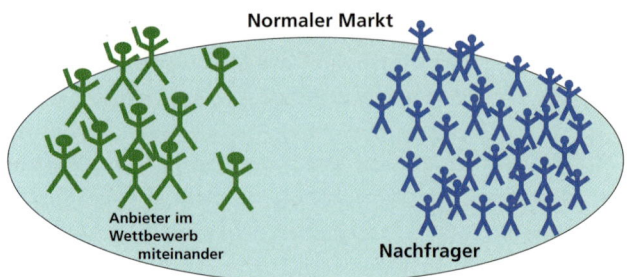

Wenn viele Unternehmen danach streben, den Nachfragern immer bessere Qualität und günstigere Preise als die anderen Unternehmen zu bieten, nennt man dieses Verhalten **Wettbewerb**. Unternehmen, die sich so im Wettbewerb verhalten, nennt man auch **Konkurrenten**, **Mitbewerber** oder **Wettbewerber**. Alle drei Begriffe meinen dasselbe, nur dass für manche Menschen der eine Begriff netter klingt als der andere.

> **Wettbewerb** unter den Anbietern ist die Voraussetzung für eine faire Preisbildung am Markt.

Gäbe es nur einen Anbieter, so würde der Wettbewerb fehlen und dieses eine Unternehmen könnte den Preis diktieren, zu dem die Nachfrager kaufen müssen.

Schauen wir uns dafür ein einfaches Beispiel an.

Sabine und Mehmed spielen in der D-Jugend ihres Fußballvereins. In den Schulpausen tauschen die Sportfans Sammelbilder von Fußballspielern. Normalerweise wird ein Bild gegen ein anderes getauscht. Mehmed versucht schon seit mehreren Tagen vergeblich, das Sammelbild seines absoluten Sportidols zu finden. Als er heute endlich fündig wird, ist er sehr erfreut und gleichzeitig auch entsetzt. Der Tauschpartner, Timo, will dafür 10 andere Sammelbilder haben. Timo hat nämlich schnell herausgefunden, dass er der einzige ist, der diese begehrte Sammelkarte besitzt.

Ein solches einzelnes Unternehmen, das als einziges das Produkt anbietet und deshalb den Markt beherrscht, nennt man einen **Monopolisten**, der den Preis frei diktieren kann. Die Situation auf dem Markt nennt man **Monopol** (die Vorsilbe „mono" kommt aus dem Griechischen und bedeutet „allein, einzeln").

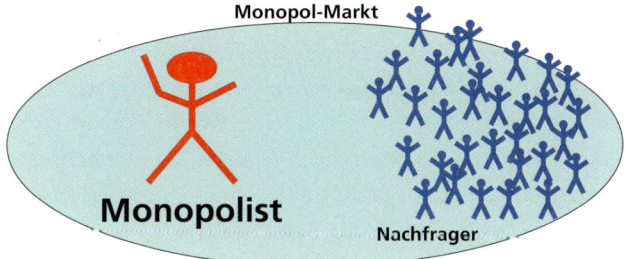

In unserer aktuellen Welt des Wirtschaftens haben wir bei dem Angebot an Benzin und Diesel eine Situation, die fast genauso schlimm ist wie ein Monopol. Kraftstoff für Fahrzeuge wird nur von sehr wenigen Unternehmen angeboten. Eine solche kleine Gruppe von Anbietern nennen die Fachleute **Oligopol** (das Wort „oligo" stammt ebenfalls aus dem Griechischen und bedeutet auf Deutsch „wenige").

> In diesem Fall hätte nicht nur Timo ein Bild dieses Sportidols, sondern auch Johannes. Wenn beide auf dem Schulhof nach Tauschpartnern suchen, können sie schnell herausfinden, dass sie die einzigen Anbieter dieser begehrten Sammelkarte sind. Sie können beobachten, wie viele Sammelkarten der jeweils andere für einen Tausch haben will, schnell reagieren und ihre eigene Forderung anpassen.

Bei einem oligopolistischen Markt gibt es etwas Wettbewerb, aber längst nicht so, wie es auf einem normalen Markt der Fall wäre.

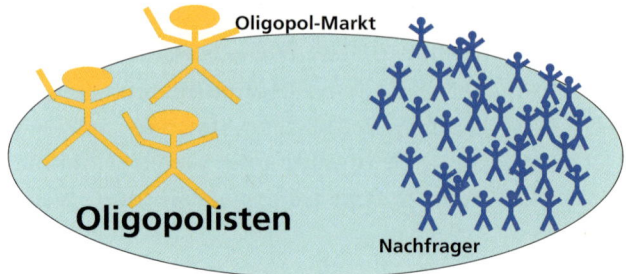

Unternehmen versuchen manchmal untereinander abzustimmen, zu welchem Preis ein Produkt auf dem Markt angeboten oder welche Menge produziert werden soll, um einen hohen Preis zu garantieren. Zum Schutz der Verbraucher sind solche Preisabsprachen per Gesetz verboten.

Eine Gruppe von Unternehmen, die eine solche verbotene Preisabsprache treffen, nennt man ein **Kartell**.

In unserem Beispiel mit den Sammelbildern würden Timo und Johannes nun nicht nur voneinander wissen, sondern auch aktiv zusammenarbeiten. Und wenn sie einen weiteren Besitzer dieser seltenen Sammelkarte entdecken, würden sie versuchen, ihn ebenfalls zu einer Zusammenarbeit zu überreden.

Sie würden dann gemeinsam absprechen, wie viele andere Sammelkarten sie im Tausch für die des Sportidols fordern wollen. Sie verhindern so, dass sie von tauschwilligen anderen Mädchen oder Jungs gegeneinander ausgespielt werden und der mögliche Tauschpreis sinken könnte.

So eine Zusammenarbeit wäre für die Nachfrager sehr schlecht, weil der Preis dann viel höher wäre als bei einer fairen Preisbildung zwischen dem gesamten Angebot und allen Nachfragern.

Weil Wettbewerb in unserer Wirtschaft sehr wichtig ist, hat der Staat das **Kartellamt** errichtet.

Das Kartellamt versucht zu verhindern, dass mehrere Konkurrenten ihre Angebotspreise untereinander abstimmen.

Es überwacht ebenso, dass kein Unternehmen andere große Konkurrenten aufkauft (zum Beispiel wenn es an der Börse dessen Aktien kauft) und so ein Monopol oder Oligopol entstehen könnte. Wenn das befürchtet wird, würde das Kartellamt diesen Zusammenschluss der Unternehmen verbieten.

Wettbewerbsregeln allein reichen jedoch nicht

Wenn man betonen will, dass Menschen diejenigen Marktteilnehmer sind, die letztendlich die Produkte verwenden, werden Nachfrager auch **Verbraucher** genannt.

Für unser Wirtschaften ist der Schutz der **Verbraucher** ebenfalls sehr wichtig. Beispiele dafür sind:

- Unternehmen müssen dafür sorgen, dass ihre Produkte sicher sind: Elektrogeräte müssen zum Beispiel Prüfsiegel haben.

- Bei Nahrungsmitteln muss der Hersteller genau angeben, woraus das Nahrungsmittel gemacht ist (Welche Zusatzstoffe sind genau enthalten? Wie viel Zucker, Fett etc.).

- Reinigungsmittel müssen einen Verschluss haben, der nicht aus Versehen von kleinen Kindern geöffnet werden kann.

All das kostet Unternehmen natürlich mehr Geld als nur die reine Herstellung der Ware. Denn die Prüfungen der Elektrogeräte müssen bezahlt werden, genauso wie die chemische Analyse der Inhaltsstoffe usw.

Deshalb wird die Einhaltung aller Vorschriften vom Staat kontrolliert. Das wird **Verbraucherschutz** genannt.

Zum Verbraucherschutz gehört auch, dass Unternehmen keine Mogelpackungen verwenden dürfen:

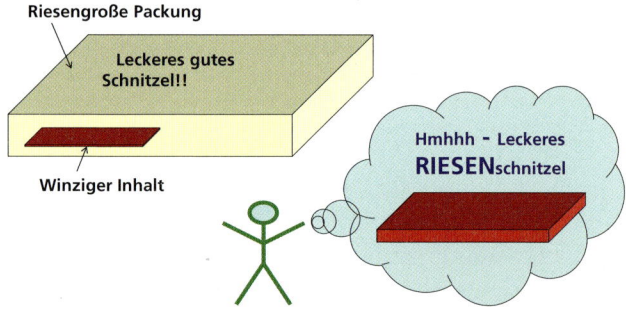

Bei einer Mogelpackung ist der Inhalt viel kleiner als die Verpackung vermuten lässt. So etwas ist nicht erlaubt.

Darüber hinaus gibt es Einrichtungen, bei denen sich Nachfrager über die Qualität von Produkten informieren können: Es gibt **Verbraucherberatungsstellen**, oder auch die **Stiftung Warentest**, die regelmäßig verschiedene Produkte prüft und die Ergebnisse bekanntgibt.

Damit es fair zugeht, sind nicht nur die Nachfrager geschützt. Auch Unternehmen haben Rechte.

Sie können ihre Produkte schützen und so verhindern, dass diese durch andere Unternehmen kopiert werden. Das geht, in dem sie ein sogenanntes **Patent** anmelden, zum Beispiel für eine besonders raffinierte technische Lösung bei einem Automotor. Dafür muss das Unternehmen genau beschreiben, was das ganz Besondere an dieser Erfindung oder dem Produkt ist und diese Dokumente beim Patentamt einreichen. Das Patentamt ist eine Behörde des Staates, die Patentanträge prüft, genehmigt und verwaltet.

Auch eine **Marke** ist geschützt gegen das Klauen. Eine Marke ist ein ganz bestimmtes Kennzeichen: Das kann ein Name sein (wie zum Beispiel Coca-Cola oder Pepsi Cola) oder auch ein Bild, zum Beispiel das Logo eines Sportvereins. Wenn ein anderes Unternehmen trotzdem dieselben Logos, Namen oder Bilder verwendet, nennt man das **Markenpiraterie.**

Hierzu ein kleines Beispiel:

Wenn sich jemand seine Lieblingsmarke Orangensaft aus dem Supermarkt vorstellt, dann hat er ein Bild von der Verpackung oder Flasche vor Augen, und kann sich einen Geschmack oder eine Farbe vorstellen. Und auch einen Preis, den er üblicherweise im Supermarkt für eine Flasche oder Packung von genau diesem Orangensaft zahlen müsste.

Wenn ein anderes Unternehmen unter einem ähnlichen Namen oder in einer sehr ähnlichen Flasche einen unglaublich billig hergestellten, schlechten

Orangensaft verkaufen würde, könnte es viel Gewinn erzielen.

Das wäre allerdings ein Betrug, unter dem nicht nur die Verbraucher leiden, sondern auch der rechtmäßige Hersteller, dessen Ruf durch den Betrug ruiniert würde.

Allerdings darf jeder Hersteller einer Marke sein *eigenes* Produkt in einer anderen, meistens weißen Verpackung auf den Markt bringen und unter einem anderen Namen viel billiger verkaufen als sein eigenes Markenprodukt. Solche Qualitätsware in neutraler Verpackung nennt man „**No-Name-Produkt**" (englisch für „Kein Name").

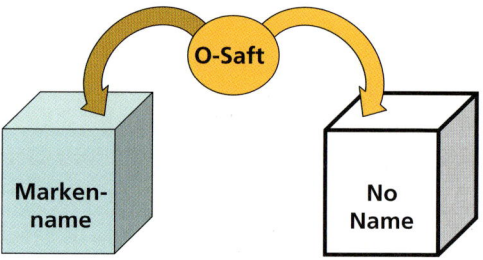

Warum kann das sinnvoll sein?

Der Hersteller kann so auch diejenigen Kunden erreichen, die in eher billigen Geschäften einkaufen. Diese Kunden würden nie den üblichen Preis für das Markenprodukt bezahlen. Aber sie kaufen trotzdem gerne Waren von guter Qualität. Dieser Hersteller verdient zwar an der neutral verpackten Ware weniger, macht aber immer noch einen kleinen Gewinn – und hat so insgesamt mehr verdient, als wenn er nur die teure Markenverpackung zum Kauf anbieten würde.

Anleger werden ebenfalls vom Gesetz geschützt.

Unternehmen müssen beim Ermitteln ihres Gewinns ebenfalls Regeln einhalten. Vom Gewinn kassiert der Staat die Steuern – und die Eigentümer des Unternehmens ihre Gewinnanteile.

Damit alle sicher sein können, dass der Gewinn des Unternehmens richtig ermittelt wurde, muss die Gewinnermittlung und alles, was das Unternehmen dafür in seinen Büchern aufgeschrieben hat, durch eine **Wirtschaftsprüfungsgesellschaft** (das ist ein Unternehmen, das sich auf die Kontrolle von Buchführungen anderer Unternehmen spezialisiert hat) geprüft und bestätigt werden.

Menschen, die als Wirtschaftsprüfer arbeiten, haben eine besondere Ausbildung, in der sie besonders tiefe Kenntnisse von Buchführungsregeln, Steuerregeln und vielem mehr erworben haben.

Erst wenn die Wirtschaftsprüfungsgesellschaft bestätigt, dass alle Buchungen richtig sind, darf ein Unternehmen die Verteilung der Gewinne vorbereiten.

Auch Mitarbeiter sind geschützt.

Wenn der Gewinn über längere Zeit immer geringer wird oder ganz ausbleibt, kann ein Unternehmen nicht einfach so Mitarbeiter entlassen. In Deutschland gibt es *Spielregeln*, die genau festlegen, aus welchen Gründen und mit welchen Vorwarnzeiten ein Unternehmen Mitarbeiter entlassen kann.

Diese Spielregeln werden **Kündigungsschutz** genannt.

> In anderen Ländern ist das zum Teil ganz anders.
>
> In den USA z.B. können Mitarbeiter von einem Tag zum anderen entlassen werden.
>
> Auf der anderen Seite sind dort Unternehmen auch schneller bereit, Mitarbeiter einzustellen, wenn gerade mal mehr Arbeit zu erledigen ist.
>
> Arbeitslose können dort also schneller einen neuen Arbeitsplatz finden als in Deutschland.

Wie entsteht der Preis für Arbeit?

Schauen wir uns auch für dieses Thema erst einmal ein kleines Beispiel an.

Angelika und Jan verdienen sich etwas Taschengeld mit dem Austragen von Werbezeitschriften. Sie treffen sich auf ihrer Zeitungstour und ruhen sich beim Plausch ein wenig aus. „Hast Du noch viele Zeitungen auszutragen?" Angelika schüttelt den Kopf: „Nein, ich bin schon fast ganz durch. Aber Deine Tasche sieht noch ziemlich voll aus?"

Jan nickt müde: „Ich habe es jetzt mal andersherum versucht: erst den Berg rauf und dann bergab zurück. Irgendwie auch nicht so gut. – Was bekommst Du eigentlich für das Austragen?"

Angelika zögert etwas, sagt es dann aber doch: „Nur 10,80 Euro pro Wochenende." „Hast Du's gut! Meiner zahlt mir nur 10 Euro pro Wochenende. Und das ganz egal, wie lange ich für das Austragen brauche." „Ja, und gefaltet werden müssen die ganzen Werbeblätter vorher auch noch, sonst passt das alles nicht in die Briefkästen hinein!" Wenn Angelika das vorher gewusst hätte, hätte sie den Job nicht gleich für ein halbes Jahr übernommen. Ihre Eltern hatten nur mit den Schultern gezuckt und den ganzen Schlamassel lediglich „Lehrgeld" genannt.

Jan denkt verärgert an seinen älteren Bruder Max. „Ich brauche das Geld, also mache ich den Job. – Wenn ich mir aber überlege, dass ich einen Monat lang bergauf und bergab latschen darf, bis ich 40 Euro habe, werde ich sauer. Und Max kassiert das für zwei Mülltonnen!"

„Zwei Mülltonnen?! Was macht der denn?"

„Max hat sich mit seinem Kumpel den alten Laster von Onkel Bernd geliehen und ein paar Schläuche und Riesenwasserkanister gemietet. Bis deren Studium beginnt, fahren die beiden durch die Gegend und reinigen Mülltonnen."

Angelika findet das gut: „Ja, die stinken manchmal ganz schön, besonders die Bio-Tonnen im Sommer."

> „Genau die. Und pro Tonne nehmen die 20 Euro, bei reichen Villenbesitzern sogar bis zu 30 Euro, hat Max mir verraten. – Was meinst Du, was die beiden in der ersten Woche schon abgesahnt haben!"

Lassen wir die beiden nun weiter ihre Zeitungsrunde gehen.

Wir haben schon den Markt für Waren und den Markt für Kapital kennengelernt. Genauso gibt es auch den Markt für Arbeit. Auch auf dem **Arbeitsmarkt** entsteht der Preis im Prinzip durch Angebot und Nachfrage.

Einen Begriff brauchen wir noch, damit die Erklärung zu diesem Thema einfacher wird:

Wenn man ganz allgemein das Geld meint, welches ein Mensch für seine Arbeit bekommt, spricht man von **Arbeitsentgelt**.

> Arbeitsentgelt ist ein Oberbegriff nicht nur für den Lohn der Arbeiter und das Gehalt der Angestellten. Es gibt je nach Berufsgruppe viele verschiedene Bezeichnungen für das Geld, das man für seine Arbeit bekommt:
>
> Ein Künstler erhält eine Gage, ein Soldat Sold, ein Arzt Honorar, ein Abgeordneter im Bundestag Diäten (im Sinne von Tagegeld) und ein Seemann erhält eine Heuer.

Wenn viele Menschen Arbeit suchen, wird der Preis für Arbeit, das **Arbeitsentgelt**, eher geringer sein. Unternehmen können sich unter einer großen Zahl von Bewerbern diejenigen aussuchen, die sie einstellen. Sind dagegen so gut wie alle Menschen, die arbeiten wollen, bereits bei Unternehmen fest eingestellt, wird es für Unternehmen schwieriger. Dann wird ein Unternehmen schon ein

> Viele Jugendliche wollen durch das Austragen von Zeitungen Geld verdienen. Es gibt in einem Ort aber nur wenige Anzeigenblätter. Also ist der Lohn für Angelika und Jan eher gering.

höheres Arbeitsentgelt als andere Unternehmen bieten müssen, um einen von den wenigen Arbeitssuchen-

Dieser Zusammenhang wird uns beim Thema Konjunktur wieder begegnen.

den anwerben zu können, die noch auf dem Arbeitsmarkt zu haben sind. Es wird auch versuchen, Mitarbeiter von anderen Unternehmen wegzulocken: Dann muss es viel mehr bieten, damit Menschen ausgerechnet bei diesem Unternehmen arbeiten wollen und nicht bei irgendeinem anderen.

> Das **Arbeitsentgelt** steigt, wenn die Nachfrage nach Arbeit größer ist als das Angebot.

Auf dem Arbeitsmarkt werden Unternehmen und alle anderen, die Mitarbeiter beschäftigen, **Arbeitgeber** genannt (eine Ärztin zum Beispiel hat kein Unternehmen, sondern leitet eine Praxis und hat ebenfalls Mitarbeiterinnen).

So ist das bei Jans Bruder Max, der „selbstständig" ist. Er kann den Preis zwar selbst bestimmen, muss aber die Kunden suchen, die diesen Preis bezahlen wollen. Das Arbeitsentgelt muss also das Risiko abdecken, auch mal ein paar Tage keinen Kunden zu finden.

Menschen, die für andere arbeiten, machen das entweder als **Selbstständige** oder als **Arbeitnehmer** (also als jemand, der angebotene Arbeit annimmt und ausführt).

Wer **selbstständig** ist, zum Beispiel als Musiker, Unternehmensberater, Steuerberater oder Rechtsanwalt, muss sich selbst darum kümmern, Aufträge zu erhalten. Dafür können Selbstständige das Entgelt für ihre Arbeit frei mit ihren Kunden aushandeln. Wenn allerdings mal keine Kunden kommen, kann ein Selbstständiger auch kein Geld verdienen.

Arbeitnehmer dagegen sind fest angestellt und erhalten ein festes Arbeitsentgelt, unabhängig davon, ob das Unternehmen Gewinn erzielt oder nicht.

Bei den Arbeitnehmern unterscheidet man, ob sie **Tarifentgelt** erhalten oder **außertarifliches** Arbeitsentgelt erhalten (**Tarif** bedeutet, dass es feste Beträge gibt für geleistete Arbeit, die sich aber in der Höhe unterscheiden je nachdem, für wie wichtig oder kompliziert die geleistete Arbeit gehalten wird).

Einige wenige Menschen, die im Unternehmen viel Verantwortung übernehmen oder über ganz besonders wichtiges Wissen verfügen, werden außertariflich bezahlt. Das heißt, sie verhandeln bei ihrer Einstellung mit dem Arbeitgeber selbst über die Höhe ihres außertariflichen Gehaltes. Je mehr Verantwortung jemand übernimmt, oder je mehr wichtiges Spezialwissen jemand hat, desto höher wird das Gehalt sein.

Die meisten Menschen jedoch arbeiten für ein Tarifentgelt. Damit nicht jedes Unternehmen einzeln mit jedem Arbeitnehmer dieses Tarifentgelt aushandeln muss, haben sich sowohl Arbeitgeber als auch Arbeitnehmer jeweils zu größeren Gruppen zusammengeschlossen.

Seit dem 19. Jahrhundert haben sich Arbeiter in **Gewerkschaften** organisiert, um gemeinsam für bessere Arbeitsbedingungen und höhere Löhne zu kämpfen.

> Angelika und Jan haben ihren Job angenommen, ohne voneinander zu wissen. Damit konnten sie auch nicht das angebotene Arbeitsentgelt miteinander vergleichen.

Auch die Unternehmen haben sich zu **Arbeitgeberverbänden** zusammengeschlossen.

Sowohl Gewerkschaften als auch Arbeitgeberverbände bildeten sich jeweils für eine bestimmte **Branche**. Zu einer Branche gehören Unternehmen, die irgendwie dasselbe tun: Es gibt zum Beispiel metallverarbeitende Industrien; Unternehmen, die Lebensmittel herstellen; oder Unternehmen, die mit dem Bau von Häusern zu tun haben. Arbeitgeber und Arbeitnehmer kennen sich auf dem Markt für ihre Produkte aus und wissen, ob gerade gute Gewinne gemacht werden, oder ob es schwer ist, Käufer zu finden.

Für jede Branche verhandeln Arbeitgeberverband und Gewerkschaft miteinander, wie hoch das Tarifentgelt sein soll. Diese Verhandlung nennt man **Tarifverhandlung**, die Teilnehmer an diesen Verhandlungen sind die **Tarifparteien**.

Naturgemäß wollen Arbeitnehmer ein möglichst hohes Arbeitsentgelt bekommen. Auf der anderen Seite wollen Unternehmen den Produktionsfaktor Arbeit so billig wie möglich einkaufen. Verdienen die Unternehmen sehr gut, werden die Gewerkschaften für ihre Mitglieder um sehr viel höhere Löhne kämpfen.

Wenn sich beide Seiten einigen, schließen sie einen **Tarifvertrag** ab.

Inhalt Tarifvertrag

In einem **Tarifvertrag** steht, welches Arbeitsentgelt in dieser Branche für welche Berufe und Berufserfahrung künftig bezahlt wird, wie viel Urlaubstage es gibt, wie viele Stunden in der Woche gearbeitet werden und viele weitere wichtige Regelungen.

Im Tarifvertrag steht auch, ob ein **Stundenlohn** gezahlt wird (also ein fester Lohn für jede Stunde) oder ein **Akkordlohn** (das ist ein Lohn, der für jedes einzelne Stück gezahlt wird, das der Arbeiter hergestellt hat). Es wird ebenso vereinbart, wie lange dieser Tarifvertrag gilt.

Können sich die Tarifparteien nicht einigen, kann es zu einem Arbeitskampf kommen. Das Kampfmittel der Arbeitnehmer ist das Niederlegen der Arbeit (das wird **Streik** genannt).

Unternehmen können mit einer **Aussperrung** einiger oder aller Arbeitnehmer reagieren.

Im Zusammenhang mit dem Preis für Arbeit ist noch etwas wichtig zu wissen: Zu dem Preis, den Unternehmen in Deutschland für Arbeit zu zahlen haben, gehört nicht nur das direkt an die Mitarbeiter gezahlte Arbeitsentgelt.

In Deutschland müssen die Arbeitgeber auch einen Teil der **gesetzlichen Sozialversicherung** bezahlen. Die Beiträge hierzu teilen sich Unternehmen und Mitarbeiter etwa zur Hälfte. Der Anteil, den der Arbeitgeber zu zahlen hat, wird auch **Lohnnebenkosten** genannt.

Steigende Tariflöhne haben steigende Lohnnebenkosten zur Folge, weil die Beiträge zu den Versicherungen von der Höhe des Arbeitsentgelts abhängen.

In Deutschland ist es dem Staat wichtig, dass jeder Arbeitnehmer durch die gesetzliche Sozialversicherung versichert ist. Das Wort „Sozial" bedeutet übrigens, dass es die Art betrifft, wie wir als Menschen in unserem Staat zusammenleben.

> Als Jugendliche sind Jan und Angelika in der Krankenversicherung ihrer Eltern mitversichert und müssen von ihrem kleinen Verdienst noch keine Beiträge abführen.

Dazu gehören die folgenden **Pflichtversicherungen** (*Pflicht*versicherung, weil per Gesetz für jeden Arbeitnehmer diese Versicherungsbeiträge bezahlt werden müssen):

- **Gesetzliche Rentenversicherung**: Wenn ein Mitarbeiter das Pensionsalter erreicht hat und in Rente geht, zahlt diese Versicherung eine monatliche Rente.

- **Gesetzliche Krankenversicherung**: Wie der Name sagt, zahlt diese Versicherung Arztrechnungen, Krankenhauskosten, die Medikamente und die sonstigen Dinge, die ein kranker Mensch braucht, um wieder fit zu werden.

- **Gesetzliche Pflegeversicherung**: Manchmal werden Menschen so krank, dass sie sich im Alltag nicht mehr allein helfen können. Dann sind andere Menschen erforderlich, um die Kranken zu waschen, beim Essen zu helfen usw. Die Kosten dafür sind so hoch, dass die Krankenkassen allein das nicht bezahlen könnten. Die Pflegeversicherung übernimmt diese zusätzlichen Kosten.

- **Arbeitslosenversicherung**: Diese Versicherung zahlt einen monatlichen Betrag aus, wenn ein Mensch seinen Arbeitsplatz verliert. Diese Unterstützung wird gezahlt, bis der betroffene Mensch wieder einen Arbeitsplatz gefunden hat (allerdings nicht unendlich lange: die Zahlungen enden nach einigen Monaten).

Das Arbeitsentgelt, das in Tarifverträgen oder auch in außertariflichen Arbeitsverträgen steht, ist daher höher als der Betrag, den der Mitarbeiter letztendlich wirklich bekommt.

Das Unternehmen zieht den Anteil des Arbeitnehmers an den Beiträgen zu den Pflichtversicherungen vom vertraglichen Arbeitsentgelt des Mitarbeiters ab, bevor es an diesen überwiesen wird (übrigens zieht das Unternehmen auch die Steuern ab, die der Mitarbeiter an den Staat zu zahlen hat, aber das ist hier nicht unser Thema).

Um zu unterscheiden, ob man das Arbeitsentgelt vor oder nach diesen Abzügen meint, verwendet man die Begriffe „Brutto" und „Netto":

- das **Brutto-Arbeitsentgelt** ist der Betrag, der im Arbeitsvertrag zwischen Unternehmen und Mitarbeiter oder im Tarifvertrag steht.

- das **Netto-Arbeitsentgelt** ist der Restbetrag, den das Unternehmen wirklich auf das Konto des Mitarbeiters überweist.

Die gesamten Beiträge, also sowohl den Anteil des Unternehmens als auch den der Mitarbeiter, muss das Unternehmen an die einzelnen Pflichtversicherungen weiterleiten (und die Steuern an das Finanzamt).

In *anderen Staaten* gibt es eine solche gesetzlich vorgeschriebene Sozialversicherung der Arbeitnehmer nicht. Dadurch können dortige Unternehmen den Produktionsfaktor Arbeit viel billiger einkaufen und somit ihre Waren auch zu niedrigeren Preisen anbieten. Unternehmen aus anderen Staaten haben damit Wettbewerbsvorteile gegenüber Unternehmen, die in Betrieben in Deutschland produzieren.

Das ist zum Beispiel in den USA so.

Dort kann es passieren, dass jemand keine Krankenversicherung hat – und somit keinen Arzt bezahlen kann, wenn er oder ein Familienmitglied krank ist.

Arbeitslose können in den USA sehr schnell bettelarm werden.

Und viele Menschen im Rentenalter müssen in den USA weiterarbeiten, weil sie sonst kein Geld für Lebensmittel oder eine Wohnung hätten.

Das wird für uns später wichtig, wenn wir uns das Thema „Globalisierung" näher anschauen.

Wie können Privatpersonen sparen oder Geld leihen?

Selber sparen

Grundsätzlich ist es immer am besten, einen Teil von dem Geld, das man verdient hat, zu sparen. Das ist wichtig, um für die Zukunft immer genügend Geld zu haben und auch mal Krisen aus eigener Kraft überstehen zu können.

Das gilt für Unternehmen ebenso wie für Privatleute.

Die einfachste Art, wie Privatleute sparen, ist das **Sparkonto** bei einer Bank, auf das man Geld einzahlt. Eine andere Möglichkeit sind Sparverträge: Hier kann man einen festen Betrag regelmäßig einzahlen, oder auf ein bestimmtes Ziel hin sparen. Zum Beispiel in einem **Bausparvertrag**, den man als Grundlage für die Finanzierung eines Eigenheimbaus verwenden kann.

Schauen wir uns zum Beispiel an, wie Yildiz spart, die gemeinsam mit Selma in den Kleiderwerken arbeitet:

Yildiz spart regelmäßig einen bestimmten Betrag auf ihrem Sparkonto. Dafür, dass sie dieses Geld der Bank zur Aufbewahrung gibt, erhält Yildiz die **Sparzinsen**.

Und natürlich könnte Yildiz von ihrem übrig gebliebenen Geld auch Aktien oder andere Wertpapiere kaufen. Yildiz könnte ihr erspartes Geld auch als **Termingeld** anlegen.

Geld leihen

Privatpersonen können keine Schuldverschreibungen an der Börse verkaufen. Privatleute leihen sich das Geld üblicherweise bei einer Bank und nehmen einen **Kredit** auf.

> Wer das Beispiel noch einmal nachlesen möchte, findet es im Abschnitt „Geld von der Bank leihen".

Wir erinnern uns an das Beispiel unserer vier Freunde Jannis, Theodros, Anna und Lukas. Und an das, was sie aus ihren Erfahrungen mit dem Verleihen von Dingen gelernt haben:

- Nicht jeder, der sich etwas leiht, gibt es auch wieder zurück.

- Den Menschen, die man gut kennt, vertraut man und leiht ihnen gern etwas.

- Es ist sinnvoll, Informationen über andere Menschen einzuholen, bevor man ihnen etwas leiht.

- Manchmal hilft es, sich von anderen ein Pfand geben zu lassen, wenn man ihnen etwas leiht.

- Manchmal kann jemand helfen, der verspricht, notfalls selber die Schulden eines anderen zurückzuzahlen.

Schauen wir doch einmal, wie es Selma geht.

Sie arbeitet, wie bereits erwähnt, ebenfalls in den Kleiderwerken und verdient eigentlich ziemlich gut. Dennoch braucht sie manchmal einen Kredit.

Neulich zum Beispiel hatte sie Pech mit ihrem Fernseher. Er war nicht mehr zu reparieren und auch der Kühlschrank machte seltsame Geräusche.

Einen Tag danach war der Motor vom Auto defekt und die Reparatur würde ziemlich viel Geld kosten. Alles zusammen kostet mehr, als sie insgesamt gespart hat. Und dabei ist das gesparte Geld eigentlich für den Urlaub vorgesehen gewesen.

Selma macht also einen Termin bei ihrer Kundenberaterin Karin in der Bank, um über einen Kredit zu sprechen.

Genau wie es bei Unternehmen geschieht, wird die Bank auch Selmas **Bonität** überprüfen.

Bei Privatpersonen ist Folgendes für eine gute Bonität wichtig:

- Hat die Kundin derzeit bereits weitere Kredite und wie hoch sind deren Beträge?

- Wurde ein früherer Kredit ordentlich zurückgezahlt oder gab es dabei Probleme?

- Welche **Sicherheiten** kann die Kundin anbieten? Sicherheiten sind Dinge mit Wert, die die Bank notfalls verkaufen könnte, wenn ein Schuldner einen Kredit nicht mehr selbst zurückzahlen kann.

Es ist sinnvoll, Informationen über andere Menschen einzuholen, bevor man ihnen etwas leiht.

Karin kann natürlich nicht direkt sehen, ob Selma weitere Kredite bei anderen Banken hat oder hatte. Deshalb erbittet sie von Selma die Erlaubnis, bei der SCHUFA (SCHUFA steht für die „Schutzgemeinschaft für allgemeine Kreditsicherung", die 1927 in Berlin gegründet wurde, als erstmals Warenkauf mit einem Kredit finanziert werden konnte) eine Anfrage machen zu dürfen. Alle Banken melden nämlich Informationen über vergebene Kredite ihrer Kunden an die SCHUFA. Das dürfen Banken natürlich nur, wenn ihre Kunden damit einverstanden sind. Verweigert ein Kunde die Zustimmung hierzu, wird er allerdings kaum einen Kredit bekommen können (denn die Bank könnte die Bonität des Kunden nicht mehr einschätzen).

Auf den ersten Blick klingt es etwas komisch, das eine Privatperson **Sicherheiten** anbieten muss, um sich Geld leihen zu können. Denn Sicherheit kann einer Bank doch nur etwas bieten, das einen Wert hat. Wenn man aber etwas Wertvolles besitzt, warum braucht man dann einen Kredit?

Um das besser zu verstehen, schauen wir uns an, welche Arten von Sicherheiten eine Privatperson wie Selma als Pfand für einen Kredit anbieten kann:

- ein regelmäßiges Einkommen, also das Arbeitsentgelt, das sie jeden Monat erhält,

> Manchmal hilft es, sich von anderen ein Pfand geben zu lassen.

- Aktien oder andere Wertpapiere, die sie besitzt, aber nicht verkaufen will, weil die Kurse im Moment zu niedrig sind. Die Bank würde dann einen Vermerk machen, dass diese Wertpapiere nicht verkauft werden dürfen, bis Selma den Kredit zurückgezahlt hat.

- ein Haus. Wenn ein Haus als Sicherheit für einen Kredit dient, wird das Haus mit einer **Hypothek** belastet. Eine Hypothek wird im **Grundbuch** eingetragen. Das ist eine Art Geburtsregister für Grundstücke und Gebäude. Gebäude können sich nicht bewegen; mit einem Fremdwort sagt man auch, Gebäude seien immobil. Deswegen nennt man Gebäude auch **Immobilien**. Ein Kredit, bei dem eine Immobilie als Pfand ge-

> Dieses Wissen wird wichtig, wenn wir uns anschauen, wie die große Finanzkrise ab 2007 entstanden ist.

geben wird, nennt man **Hypothekenkredit** oder auch **Immobilienkredit.**

- einen **Bürgen**, der sich verpflichtet, für den Kredit zu **haften** und notfalls den Kredit zurückzuzahlen, wenn Selma das aus irgendwelchen Gründen nicht selbst tun könnte. Der Bürge übernimmt eine **Bürgschaft.**

> Manchmal kann jemand helfen, der verspricht, notfalls selber die Schulden eines anderen zurückzuzahlen.

Sobald Selmas Kredit von der Bank genehmigt ist, erhält sie das Geld. Selma wird dann im nächsten Monat beginnen, ihren Kredit in kleinen Beträgen, den **Kreditraten**, zurückzuzahlen.

Um genau zu sein – die Kreditrate besteht natürlich aus einem großen Teil für die Rückzahlung des Kredites selbst und einem kleineren Teil für die **Kreditzinsen**. Das ist der Preis für das geliehene Geld.

Warum ist es billiger, wenn Waren in Massen produziert werden?

Beginnen wir das Kapitel mit einem kurzen Blick auf das, was Carlos seit einiger Zeit erlebt.

> Carlos Eltern besitzen eine kleine Gärtnerei und haben bis vor einem Jahr ziemlich gut verdient.
>
> Dann aber, hat seine Mutter ihm erklärt, sind die beiden besten Kunden, an die sie immer viele Pflanzen geliefert haben, zahlungsunfähig geworden. Die Rechnungen sind von diesen Firmen nicht bezahlt worden. Seine Eltern haben dadurch nicht nur viel Geld verloren, sondern diese Kunden fallen auch für die Zukunft aus.
>
> Traurige Folge war, dass die Familie von Carlos an allem sehr sparen muss.

Früher hat Carlos das Brot für seine zwei Geschwister und die Eltern immer beim Bäcker im Nachbarhaus geholt. Seine Mutter hat ihm jedoch eines Tages gesagt, dass dieses Brot im Moment viel zu teuer sei. Seitdem haben sie immer das Brot aus der Fabrik gegessen, das es abgepackt im Billig-Supermarkt im Gewerbegebiet gibt.

Anfangs hat Carlos es nicht so richtig glauben können, dass das Brot aus der Fabrik genauso gut schmeckt. Und es kostet je nach Sorte bis zur Hälfte weniger als das Brot aus der Bäckerei – manchmal ist es sogar noch viel günstiger.

Der einzige Unterschied zum Bäckerbrot ist, dass es schon kurz nach dem Kaufen nicht mehr so eine herrlich knusprige Kruste hat.

Aber – muss man wirklich nur für diese Kruste so viel mehr Geld bezahlen?

Um zu verstehen, warum Fabrikbrot billiger hergestellt werden kann als das Brot aus einer kleinen Bäckerei, machen wir einen Zeitsprung zurück in Bodos kleinen Bäckerladen. Wir vergleichen die Kosten für das Brotbacken in der kleinen Bäckerei mit den Kosten, die dafür in der Fabrik entstehen.

Wie sahen die Kosten in Bodos alter Bäckerei aus?

Da wären zunächst einmal die *Kosten für die Zutaten.*

Wenn wir zum Beispiel ein Brot backen, brauchen wir dafür 500 g Mehl, Wasser, Salz, Gewürze und Sauerteig. Nehmen wir mal an, alles zusammen kostet 1 Euro für ein Brot.

Da wir für jedes Brot immer dieselben Mengen der Zutaten

Wenn wir uns alle Brote anschauen, die in der Bäckerei gebacken werden, hängen die gesamten Kosten für die Zutaten davon ab, wie viele Brote insgesamt gebacken wurden:

Für 10 gebackene Brote kosten die Zutaten 10 * 1 Euro, = 10 Euro, für 50 Brote entsprechend 50 Euro und wenn keine Brote gebacken werden, wird auch kein Geld für die Zutaten ausgegeben. Weil diese Kosten *insgesamt für das gesamte Unternehmen* je nach der gebackenen Menge an Broten schwanken, werden sie „variable Kosten" genannt.

brauchen, kosten die Zutaten für jedes Brot dasselbe.

Fangen wir nun an zu backen.

Für das Backen der Brote gibt es in der alten Bäckerei nur einen Backofen, in dem höchstens 10 Brote gleichzeitig Platz haben. Und jedes Brot braucht genau eine Stunde, bis es fertig ist.

Nach einer Stunde hat Bodo also in der Bäckerei 10 Brote liegen. Für jedes haben die Zutaten 1 Euro gekostet:

Brote backen sich in Bodos kleiner Bäckerei nicht von selbst.

Ein Bäckergeselle stellt den Teig für die Brote her, formt daraus die Brote und schiebt sie in den Backofen. In jeder Stunde, die er in der Bäckerei arbeitet, will er immer seinen Stundenlohn von 20 Euro haben, ganz gleich, ob 10 Brote oder nur 2 Brote gebacken werden.

Die Kosten für den Stundenlohn fallen somit immer in gleicher Höhe an. Sie werden daher feste Kosten genannt oder auch **Fixkosten**.

(Andere Fixkosten sind die Miete für die Räume, die Kosten von Strom, Heizung usw. Das haben wir hier weggelassen, damit die Darstellung möglichst übersichtlich bleibt.)

Jedes dieser 10 Brote trägt also zusätzlich ein Zehntel aus den 20 Euro Stundenlohn mit sich herum.

Das sind pro Brot 20 : 10 = 2 Euro

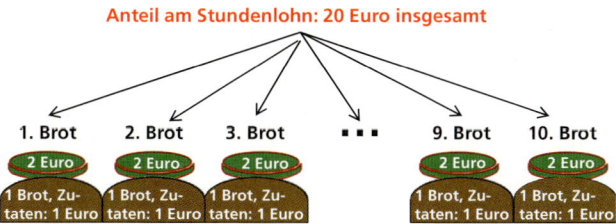

Damit kostet die Herstellung von einem Brot in der alten Bäckerei pro Stück 1 + 2 = 3 Euro. Diese Kosten nennt man folglich **Herstellungskosten**. Es fehlt noch der Zuschlag für den Gewinn, denn auch Bäcker Bodo muss Geld verdienen, von dem er selber leben kann.

Wie sieht im Vergleich dazu die Brotproduktion in Bodos neuer Brotfabrik aus? Was kostet dort die Herstellung eines Brotes?

In seiner neuen Brotfabrik hat Bodo einen riesengroßen Ofen, durch den ein Fließband so langsam läuft, dass die Brote genau eine Stunde brauchen, um vom Eingang bis zum Ende zu kommen. Dann sind sie fertig gebacken. Mehrere Brote können nebeneinander liegen und werden von einer Maschine auf das Fließband gelegt.

Das können wir uns vorstellen wie bei einem Eisenbahntunnel, durch den ein Zug mit vielen Waggons fährt, auf denen Brote nebeneinander liegen und langsam durch den Tunnel gefahren werden.

In einer Stunde können in diesem Riesenofen *1.000 Brote* gebacken werden.

Die Zutaten für ein Brot sind immer noch dieselben geblieben: Dieselbe Menge Mehl usw. kostet immer noch 1 Euro pro Brot. Das kennen wir schon.

Bauer Balthasar konnte als Großhändler an eine Fabrik große Mengen billiger verkaufen. Somit können auch die Kosten der Zutaten in der Fabrik unter denen einer kleinen Bäckerei liegen. Das haben wir hier nicht berücksichtigt, um die Darstellung einfacher zu machen.

Wenn wir nach einer Erklärung dafür suchen, warum etwas billiger wird, wenn es in großen Mengen hergestellt wird, kann das demnach nicht an den Kosten für die Zutaten liegen.

Viel spannender ist, was mit den Kosten für den Stundenlohn des Gesellen passiert.

In der Brotfabrik passt ebenfalls ein Geselle auf, dass die Maschinen, die den Brotteig in Portionen teilen, formen und auf das Fließband legen, alles richtig machen. Auch sein Stundenlohn beträgt 20 Euro.

In der Fabrik müssen die 20 Euro Stundenlohn jedoch nicht mehr auf nur 10 Brote verteilt werden, sondern auf *1.000* Brote, die nun in einer Stunde in dem riesengroßen Backofen fertig werden!

Wenn wir jetzt ausrechnen, wie viel Stundenlohn von einem Brot zu tragen ist, ergibt sich:

$$20 \text{ Euro} : 1\,000 \text{ Brote} = 2\,000 \text{ Cent} : 1\,000 \text{ Brote}$$
$$= 2 \text{ Cent pro Brot}$$

Für ein Brot aus der Brotfabrik sehen die Gesamtkosten demzufolge so aus:

$$1 \text{ Euro} + 0{,}02 \text{ Cent} = 1{,}02 \text{ Euro}$$

Anteil am Stundenlohn:
2 Cent = 0,02 Euro

Vergleichen wir jetzt das Stundenlohnpäckchen, welches das Bäckereibrot und das Fabrikbrot jeweils mit sich herumtragen. Wir sehen genau, warum das Brot aus der Fabrik so viel billiger ist als das Brot aus der kleinen Bäckerei.

Anteiliger Stundenlohn: 2 Euro   **2 Cent = 0,02 Eurc**

Bäckereibrot   **Fabrikbrot**

Das Fabrikbrot ist also billiger, weil sich die **Fixkosten** wie zum Beispiel der Stundenlohn oder die Kosten für die teuren Maschinen auf viel mehr Brote
verteilen können (denn die Kosten für die *Zutaten*
eines Brotes bleiben ja *gleich*).

Wenn jedes hergestellte Stück genau gleich ist wie
alle anderen hergestellten Stücke, gibt es von dieser
Regel keine Ausnahme. Dann gilt das **Gesetz der
Massenproduktion:**

Gesetz der Massenproduktion

Mit steigender Stückzahl sinken die Kosten pro
Stück, weil die **Fixkosten**, die ein hergestelltes
Stück zu tragen hat, mit steigender Menge gerin-
ger werden.

4

Das große 1x1 des heutigen Wirtschaftens – auch Pannen kommen schon mal vor

Auf den folgenden Seiten werden wir mehr erfahren über Themen, die für unser heutiges Wirtschaften besonders wichtig sind.

Wie hängen Konjunktur, Preise und Geldwert zusammen und was ist das eigentlich?

Beginnen wir unseren Ausflug in die Zusammenhänge von Preisentwicklung, Geldwert und Konjunktur wieder mit einem kleinen Beispiel.

Lisa ist überglücklich: „Vielen Dank für die 200 Euro, Oma Gertrud! Ohne den Zuschuss hätten Mama und Papa mein neues Fahrrad nie kaufen können! Das ist so teuer geworden!"

„Ist schon gut, junge Dame. Es stimmt leider, dass seit ein paar Jahren alles immer mehr kostet. Ich merke das auch bei den Lebensmitteln und allem anderen."

„Wir haben immer wieder über das neue Fahrrad gesprochen. Und als ich auf dem kleinen Rad wirklich nicht mehr fahren konnte, war ich mal richtig wütend. Vor allem weil Max vor drei Jahren sofort das große Rad bekommen hat, als er es brauchte."

„Na ja, Lisa, damals waren die Preise auch noch richtig niedrig."

„Ich weiß, Oma. Papa hat mir die Rechnung von damals gezeigt. Es war dieselbe Marke, die ich auch wollte, nur eben ein Jungenrad. Aber es war nur halb so teuer wie meines jetzt. Und Papa sagt, dass er und Mama in dieser Zeit immer Gehaltserhöhungen bekommen haben. Da ist es leicht gewesen, mal eben ein Fahrrad zu kaufen. Dann haben wir uns angeschaut, was alles in den letzten Jahren teurer geworden ist: Miete, Strom und noch ein paar andere Sachen. Von den letzten Gehaltserhöhungen ist nichts übrig geblieben, meint Papa. Denn die Preise seien immer schneller gestiegen. Auch der Kredit, den Papa und Mama seit dreieinhalb Jahren für das neue Auto abzahlen, ist in den letzten beiden Jahren deutlich teurer geworden. Mama meint, noch mehr Zinsen können wir bald nicht mehr verkraften. Max und ich werden wohl bald weniger Taschengeld bekommen."

„Auch die Lebensmittelpreise steigen immer weiter. Ich komme mit meiner Rente gerade noch so hin, dass ich mein Auto voll tanken kann." Oma Gertrud schmunzelt: „Aber keine Angst, Lisa, für die kleinen Extras wie Fahrradwünsche habe ich gut vorgesorgt und letzte Woche Aktien mit viel Gewinn verkaufen können."

Lisa schaut etwas verlegen. Oma Gertrud fährt fort: „Aber dieses Auf und Ab der Preise habe ich schon öfter erlebt. In ein paar Jahren wird alles wahrscheinlich wieder viel billiger werden. Und es ist noch lange nicht so schlimm wie das, was meine Mutter erlebt hat, als sie ungefähr so alt war wie Du jetzt."

Oma schaut eine Weile gedankenverloren vor sich hin. „Als meine Mutter, deine Ur-Oma Waltraud, so 13 oder 14 Jahre alt war, gab es in Deutschland eine richtig schlimme Zeit. Dein Ur-Ur-Opa bekam seinen Lohn damals noch jede Woche freitags in bar ausgezahlt. Und meine Mutter begleitete deine Ur-Ur-Oma dann immer mit ins Lohnbüro. Beide hatten große Einkaufstaschen dabei. In die kam nämlich der Wochenlohn hinein. Das war wichtig, denn es gab riesige Mengen von Geldbündeln, die erst aus Millionen, einige Wochen später aus Milliarden und schließlich aus etlichen Billionen bestanden…."

Lisa unterbricht: „Oh, soviel hat Ur-Ur-Opa verdient?!"

Oma Gertrud schmunzelt wieder, allerdings mit etwas traurigem Blick: „Na ja, irgendwie schon. Allerdings war das Geld nicht viel wert. In die Tasche meiner Mutter wurde nur das Geld umgepackt, das für die Mietzahlung nötig war. Meine Mutti ging damit, so schnell sie konnte, das kurze Stück nach Hause zurück und gab die Tasche der Vermieterin. Und alle rannten schnell zum Bäcker, zum Metzger und so weiter und kauften alles, was ihre Familien für die kommende Woche brauchten. Für dieselbe Menge Geldbündel, für die sie an dem Tag noch ein Brot bekamen, gab es ein paar Tage später nämlich vielleicht nur noch eine Packung Streichhölzer! Das war eine schlimme Zeit. – Aber keine Angst, so etwas hat es seitdem bei uns nie wieder gegeben."

Lisa schaut trotzdem etwas betroffen drein: „Na ja, Max kam zu unserem großen Kriegsrat auch noch dazu und Papa und Mama meinten, wir wären jetzt alt genug um zu wissen, dass uns vielleicht noch andere Veränderungen ins Haus stehen. Die Firma, für die Papa arbeitet, hat nämlich nicht mehr so wirklich gut zu tun, und es kann sein, dass er bald mal ein paar Wochen lang zu Hause sein wird. Er nannte das Kurzarbeit."

„Oh, das wusste ich noch gar nicht… das ist nicht gut!"

„Na ja, bei Muttis Firma sieht es wohl noch ganz gut aus. Aber sie meinte, sie würde dieses Jahr wohl gar keine Gehaltserhöhung mehr bekommen. Wir werden bald ganz schön sparen müssen." Lisa nimmt traurig einen Schluck von ihrer Limonade.

Schauen wir uns nun an, über welche Themen des Wirtschaftens die beiden gesprochen haben und was jeweils dahinter steckt.

Wie wird die Preisentwicklung gemessen?

Wenn wir uns hier mit der Entwicklung der Preise befassen, sind nicht die kurzfristigen Preisveränderungen oder die Sonderangebote im Supermarkt gemeint. Ebenso wenig geht es um die von Tag zu Tag mal steigenden und dann wieder fallenden Preise an der Tankstelle.

Hier sind **Preissteigerungen** (also der Anstieg des geforderten Preises für alles, was Verbraucher kaufen wollen) gemeint, die in allen Bereichen des Lebens gleichzeitig und über einen langen Zeitraum hinweg stattfinden.

Die erste Frage ist, wie wer überhaupt feststellt, dass „die Preise" (welche eigentlich?!) sich verändern.

Das Statistische Bundesamt, eine Behörde des Staates, hat einen sogenannten **Warenkorb** zusammengestellt, in dem sich Nahrungsmittel, Wohnungsmieten, Busfahrkarten, Möbel, Bekleidung und noch viele andere Waren und Dienstleistungen befinden, die Menschen brauchen und kaufen.

Für alles, was in diesem **Warenkorb** liegt, ermittelt das Statistische Bundesamt jedes Jahr die aktuellen Preise.

Diese Preise werden zusammengezählt und verglichen mit denen aus dem Vorjahr.

In diesem Warenkorb sind die Preise für Nahrungsmittel nur mit rund einem Zehntel des gesamten Warenkorbes enthalten.

Wenn im Supermarkt die Preise für manche Lebensmittel, zum Beispiel Tomaten, sehr stark steigen, können die Preise für andere Dinge, die mit den restlichen neun Zehnteln in die Berechnung des Preisindex eingehen, sinken oder unverändert viel kosten.

Dann gibt die im Warenkorb insgesamt gemessene Preissteigerung die Preisentwicklung für Tomaten nicht richtig wieder. Man sagt dann, dass der „gefühlte" Preisanstieg höher ist als der errechnete.

So kann man feststellen, ob die Preise gestiegen, gleich geblieben oder vielleicht sogar gesunken sind.

Kosten des Warenkorbs im Vorjahr: 1.000 Euro
Kosten des Warenkorbs heute: 1.010 Euro

Preisanstieg: 10 Euro

Der Inhalt des Warenkorbs ist heute also 10 Euro teurer als im Vorjahr.

10 Euro sind ein Hundertstel von 1.000 Euro. Das ist dasselbe wie 1 Prozent.

(Prozent bedeutet „von 100". Abgekürzt wird eine Angabe in Prozent mit dem Zeichen %. Beispiel: 18 faule Äpfel von *100* Äpfeln sind 18 Prozent. Wenn unter *200* Äpfeln 18 faule sind, sind das 9 %.)

Wenn man zwei Zahlen miteinander vergleicht, kann man das Ergebnis dieser mathematischen Betrachtung auch als „Rate" bezeichnen.

Das Statistische Bundesamt würde in unserem Beispiel sagen, dass die **Teuerungsrate** im Vergleich zum Vorjahr 1 Prozent beträgt (kurz auch als 1 % geschrieben).

Wie hängen Preissteigerung und Geldwert zusammen und was ist Inflation?

Betrachten wir als Beispiel die Preisentwicklung für eine Flasche Limonade.

Nehmen wir mal an, dass wir vor zwei Jahren für diese Flasche Limonade noch einen Euro bezahlt haben. Heute kostet dieselbe Flasche Limonade mit derselben Menge an Inhalt und derselben Qualität zwei Euro.

Betrachten wir die Preissteigerung, dann sieht das so aus:

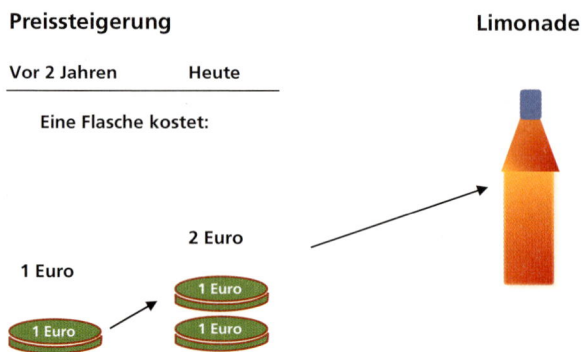

Preissteigerung

Die Flasche Limonade ist immer noch genau dieselbe, allerdings müssen wir doppelt so viel bezahlen wie zwei Jahre zuvor. Es ist klar zu erkennen, dass der Preis gestiegen ist.

Genau das ist mit den Preisen der Fahrräder in unserem Beispiel passiert. Der Preis hat sich stark erhöht.

Sehen wir uns das Ganze von der Seite des Geldwertes an, können wir Folgendes feststellen:

Mit dem „**Geldwert**" ist die Fähigkeit des Geldes gemeint, eine bestimmte Menge an Waren oder Dienstleistungen kaufen zu können. Bildlich gesprochen: Welche Menge an Limo-Flaschen kann ein Euro sozusagen aus dem Kistenstapel in unseren Einkaufswagen hineinstemmen?

Wir schauen jetzt also darauf, welchen Wert ein Euro hat.

Vor zwei Jahren konnte ein Euro 1 Flasche Limonade „hochstemmen". Die Flasche Limonade ist heute immer noch dieselbe und hat sich nicht verändert. Aber der eine Euro hat heute nur noch die Kraft, eine halbe Flasche Limonade „zu stemmen".

> Lisas Familie kann mit dem Geld, das die Eltern verdienen, nicht mehr so viel kaufen wie noch vor drei Jahren.
>
> Der Betrag, den die Arbeitgeber von Vater und Mutter überweisen, ist gleich geblieben.
>
> Das Geld ist jedoch weniger wert und kann nicht mehr so viele Waren „stemmen".

Ein anderer Ausdruck für diese Entwicklung ist, dass die **„Kaufkraft** des Euro gesunken" ist. Dieselbe Botschaft, die im Wort Kaufkraft steckt, kann man ebenso ausdrücken, wenn man vom Wert des Geldes spricht. Ein Euro ist heute nicht mehr eine, sondern nur noch eine halbe Flasche Limonade wert.

Jetzt stellen wir beide Bilder, die wir eben für Preissteigerung und Geldwert gesehen haben, einmal nebeneinander.

Wir können leicht erkennen, dass Preissteigerung und Geldwert dasselbe beschreiben, aber von zwei verschiedenen Seiten kommen:

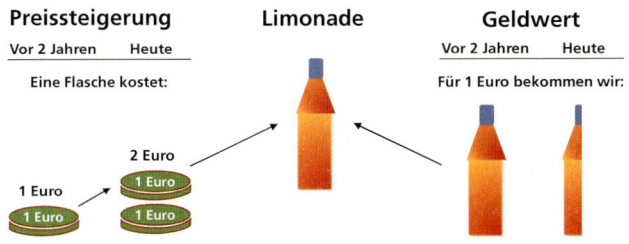

Preissteigerung	Limonade	Geldwert
Vor 2 Jahren Heute		Vor 2 Jahren Heute
Eine Flasche kostet:		Für 1 Euro bekommen wir:

Die **Preissteigerung** beschreibt, was am Markt passiert. Mit dem **Geldwert** werden die Folgen daraus für die Kaufkraft der Währung dargestellt.

Wenn die Preise für alle Waren, Dienstleistungen, Mieten etc. immer schneller steigen und damit die Währung immer schneller an Wert verliert, nennt man das **Inflation**.

Manchmal müssen Güter aus Staaten importiert werden, in denen Inflation herrscht. Auch aus anderen Gründen können diese Waren immer teurer werden. Ein Beispiel dafür ist Erdöl. Wenn diese wichtigen Güter nur zu immer höheren Preisen importiert werden können, steigen dadurch auch die Preise für alle Waren, die aus ihnen hergestellt werden, immer weiter an.

In diesem Fall spricht man von einer „**importierten Inflation**".

Inflation ist also der Geldwertverlust zwischen zwei betrachteten Zeitpunkten. Es kann passieren, dass der Geldwert in immer kürzeren Zeitabständen sinkt und dabei in immer größerem Umfang. So etwas könnte für die Flasche Limonade aus dem Beispiel von eben so aussehen:

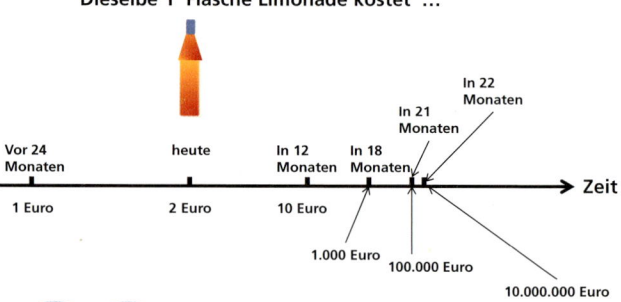

Dieselbe 1 Flasche Limonade kostet …

Von einer solchen galoppierenden Inflation erzählt Oma Gertrud in unserem Beispiel am Anfang des Kapitels.

Sie ereignete sich in Deutschland in den 1920er Jahren des vergangenen Jahrhunderts.

Eine solche „galoppierende Inflation" – und zwar mit einer unvorstellbar großen Anzahl von Nullen bei den Preisangaben – kommt sehr selten vor.

In einem Staat, in dem die Inflation so schlimm wütet, ist bald kein vernünftiges Wirtschaften mehr möglich. Ein Staat, in dem das passiert, kann zur Lösung des Problems eine sogenannte **Währungsreform** durchführen. Der Staat gibt seiner Währung dann einen ähnlichen oder ganz anderen Namen und erklärt, wie die alte in die neue Währung umgetauscht wird. Dabei werden so viel Nullen von den Beträgen gestrichen, dass in der neuen Währung wieder mit vernünftig kleinen Zahlen gerechnet werden kann. Das ist die Chance auf einen Neuanfang des Wirtschaftens in diesem Staat.

> Auf das Thema Währungsreform und mögliche Abhilfen bei Pannen des Wirtschaftens kommen wir beim Thema „Finanzkrise ab 2007" zurück.

Zum Glück kommt so eine Panne beim Wirtschaften nur sehr selten vor.

Wie stellt man fest, ob es der Wirtschaft gut oder schlecht geht – was ist das BIP?

Diese Frage hat auch Lisa ihren Eltern gestellt. Lisas Vater hat die Erläuterung mit einem Vergleich zum Menschen begonnen: Beim Menschen zeigt die Körpertemperatur an, ob es ihm gut oder schlecht geht. Wenn die gemessene Körpertemperatur die normale Temperatur übersteigt, nennt man das Fieber. Extrem hohes Fieber ist lebensgefährlich. Auch wenn die Körpertemperatur zu weit sinkt, kann das gefährlich werden, der Körper leidet dann unter einer Unterkühlung und wird träge. Beim Menschen ist es ideal, wenn die Körpertemperatur möglichst gleich bleibt bei ungefähr 36,7° Celsius.

Bei der Wirtschaft dagegen wünschen sich alle, dass sie immer etwas wächst.

Den Gesundheitszustand der Wirtschaft kann man natürlich nicht mit dem Thermometer messen. Um ihn messen zu können, zählt man die Preise aller Waren und Dienstleistungen zusammen und hat dann eine sehr große Zahl. Diese Zahl vergleicht man mit der vom Vorjahr und sieht dann, ob sie größer, gleich groß oder kleiner ist als zuvor.

Stimmt, so kann man das am einfachsten erklären.

Wir haben schon gesehen, dass durch das Produzieren von Waren und Dienstleistungen in der Volkswirtschaft Werte geschaffen werden. Alle diese Werte aus einer Volkswirtschaft kann man zusammenzählen. Die Summe wird **Bruttoinlandsprodukt (BIP)** genannt.

Wir erinnern uns an die Herstellung des Gewandes für Bürgermeister Schulze. Dabei ging es um den Wertzuwachs von der Wolle über das Garn, das Tuch bis zum Gewand. Jeder einzelne Verkaufspreis in dieser Wertschöpfungskette ist ein Teil des BIP.

Solange das BIP steigt, sagen die Volkswirte, dass die Wirtschaft wächst.

Was bedeutet „**Wirtschaftswachstum**" im Alltag der Menschen? Die Menschen haben viel Geld, verdienen immer mehr, und geben dieses Geld auch gern aus. Dadurch können die Unternehmen immer mehr verkaufen, stellen noch mehr her, und verkaufen noch mehr usw., usw.

Volkswirte haben festgestellt, dass das BIP in mehr oder weniger regelmäßigen Abständen von ungefähr 5 bis 7 Jahren steigt und dann wieder fällt, um danach von vorn mit dem Wachsen zu beginnen. Diese Veränderung ist die „**Konjunktur**" (das ist von den lateinischen Worten „con-iungere" abgeleitet und bedeutet übersetzt in etwa „verbinden").

> Die Veränderung der Summe des Bruttoinlands-
> produktes (BIP) im Verlauf der Zeit wird **Kon-
> junktur** genannt.
>
> Wachstum und Rückgang des BIP wechseln sich
> ab. Das ergibt den **Konjunkturverlauf** und die
> **Phasen der Konjunktur**.

Für unser Wirtschaften ist das so ziemlich der wichtigste Zusammenhang von Ereignissen.

Der Verlauf der Konjunktur wird als Kurve dargestellt, die die Höhe des BIP im Verlauf der Zeit wie-
dergibt. Das folgende Bild zeigt diese Kurve und die
Namen der Phasen des Anstiegs und des Abstiegs,
die wir uns auf den nächsten Seiten genauer anschau-
en werden:

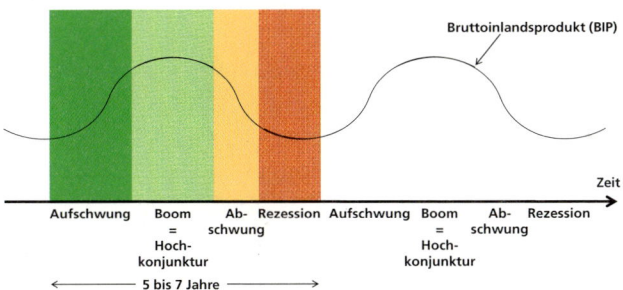

Wie entsteht das Auf und Ab der Konjunktur?

Bevor wir zu dem Beispiel von Lisa und dem Fahr-
radpreis vom Anfang des Kapitels zurückkommen,
fassen wir noch mal kurz zusammen, welche wichtigen Zusammenhänge des Wirtschaftens wir schon
kennen:

- Ist das Angebot geringer als die Nachfrage, dann steigt der **Preis**. Das gilt für alle Märkte: Waren, Dienstleistungen, Kapital und Arbeit.

- Arbeitnehmer werden mehr **Arbeitsentgelt** fordern, wenn die Unternehmen höhere Gewinne erzielen.

- Unternehmen machen **Gewinn**, wenn die Kosten für die Herstellung ihrer Produkte geringer sind als die Einnahmen aus dem Verkauf dieser Produkte.

- Wenn ein Unternehmen nicht mehr genug verdient, um seine Schulden zu bezahlen, muss es **Insolvenz** anmelden.

- **Buchgeld** gehört ebenso wie **Bargeld** zur Geldmenge.

- Banken vergeben Kredite auch dadurch, dass sie **Geldanlagen** ihrer Sparkunden zu wenigen größeren **Krediten** zusammenfassen oder in viele kleinere Kredite aufteilen.

- Banken fordern für vergebene Kredite **Kreditzinsen** von den Kreditnehmern und geben den Sparern einen **Sparzins**.

Schauen wir nun, wo wir all diese Zusammenhänge im Konjunkturverlauf wiederfinden.

In den nächsten Kapiteln werden wir ebenfalls erfahren, wie Banken herausfinden, welche Zinshöhe gerade die richtige zu sein scheint.

Und wir werden sehen, welche Rolle die **Zentralbank** dabei spielt.

Beginnen wir am Anfang der Aufschwungphase.

Was passiert in der Aufschwungphase?

Die Summe der Preise aller ver-kauften Waren und Dienstleistungen, das BIP, wächst allmählich wieder und die Kurve steigt nach oben. Viele Menschen glauben wieder daran, dass es in den kommenden Jahren mit der Wirt-schaft weiter aufwärtsgehen wird. Sie sind nicht mehr so vorsichtig wie zuvor und geben wieder mehr von ihrem gesparten Geld aus. Zudem sind viele Waren und Dienstleistungen recht günstig einzukaufen.

Privatpersonen sind genau wie immer mehr Unternehmen bereit, auch mal einen **Kredit** aufzunehmen, um etwas zu kaufen.

Weil die Nachfrage nach Waren und auch nach Kapital steigt, steigen deren Preise allmählich leicht an, also auch die Zinsen für Kredite. Und auch die Zin-sen für Spargelder steigen: Die Banken wollen so mehr Sparer und damit eine noch größere Geldmasse anlocken, aus der heraus sie Kredite vergeben können.

Die Unternehmen machen grö-ßere Gewinne, an denen ihre Mitarbeiter durch steigende Arbeitsentgelte beteiligt werden wollen. Und weil Privatpersonen und Unternehmen mehr verdienen, zahlen sie auch mehr Steuern an den Staat.

In unserem Beispiel vom Beginn des Kapitels ist das die Zeit vor 3 Jahren, als das Fahrrad für Max gekauft worden ist.

Das Fahrrad für Max kostete vor 3 Jahren nur halb so viel wie das neue Fahrrad für Lisa.

Lisas Eltern haben das neue Auto vor 3,5 Jahren mit einem Kredit finanziert.

Wenn die Nachfrage größer ist als das Angebot, steigen die Preise.

Nicht nur die Fahrräder, sondern auch Lebensmittel, die Miete, der Strom und vieles mehr wurden allmählich teurer.

Steigende Gewinne der großen Aktiengesellschaften lassen auch deren Aktienkurse steigen.

Denn steigende Arbeitsentgelte erhöhen die Kosten für die Herstellung (jedes Produkt muss einen größeren Brocken von den Fixkosten mittragen).

Im Aufschwung wächst das BIP im Vergleich zum Vorjahr. Denn es wird wieder mehr Arbeitsentgelt verdient und auch wesentlich mehr produziert als zuvor.

In den Jahren zuvor hatten Lisas Eltern noch regelmäßig Gehaltserhöhungen erhalten.

Steigende **Arbeitsentgelte** lassen die Preise weiter steigen. Am Übergang zur Phase Boom beginnt allmählich eine Spirale aus Preis- und Arbeitsentgelterhöhungen zu wirken.

Diese Entwicklung ist nicht nur in einzelnen Branchen, sondern in der gesamten Wirtschaft des Staates zu beobachten.

In unserem Bild des Konjunkturverlaufs sieht das mit Stichworten so aus:

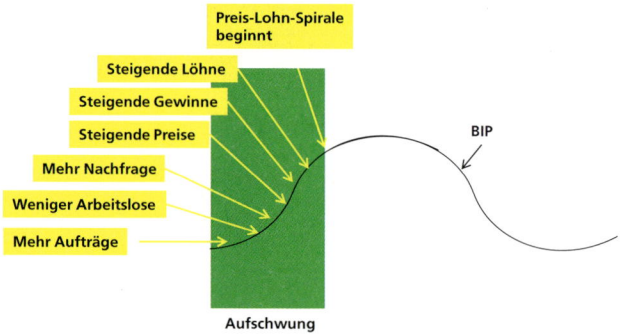

Was passiert in der Boom-Phase?

„**Boom**" meint eine besonders starke Nachfrage. Diese Phase wird auch „**Hochkonjunktur**" genannt.

Die Spirale aus Preis- und Arbeitsentgeltserhöhungen dreht sich immer schneller. Damit steigen auch die

Kosten für die Unternehmen. Durch die steigenden Preise werden die Arbeitsentgelterhöhungen fast gänzlich wieder wirkungslos.

Lisas Eltern erzählen, dass ihre Gehaltserhöhungen zuletzt sofort wieder durch die gestiegenen Preise für Mieten und alles andere aufgezehrt wurden.

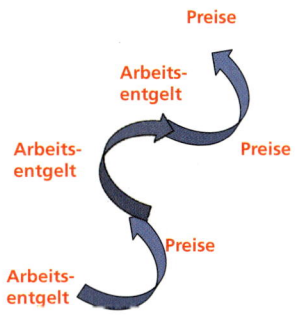

Weil noch immer mehr nachgefragt wird, weiten die Unternehmen ihre Produktion so lange aus, bis die maximal mögliche Produktionsmenge erreicht ist. Die Maschinen laufen jetzt im **Schichtbetrieb** rund um die Uhr (Beispiel hierzu: Die Frühschicht arbeitet z. B. von 6 bis 14 Uhr, dann werden diese Arbeiter von Kollegen abgelöst, die an denselben Maschinen von 14 bis 22 Uhr in der Spätschicht arbeiten. Und die Nachtschicht schließt sich von 22 bis 6 Uhr morgens an, und übergibt die Maschinen dann wieder an die Frühschicht).

Das geht natürlich nur, wenn genügend Menschen da sind, um die Maschinen zu bedienen. Die Unternehmen erreichen damit ihre volle **Kapazitätsauslastung**: Sie können nicht ein einziges Produkt mehr produzieren als sie es ohnehin schon tun.

Alle Menschen, die arbeiten wollen und können, sind beschäftigt. Dann spricht man von **Vollbeschäftigung.**

Unternehmen und Privatleute verlangen nach immer mehr Krediten. Die Zinsen steigen daraufhin entsprechend stark. Damit gehen auch die Preise für Kapital an der Börse stark nach oben. Und um noch mehr Fabriken bauen zu können, verkaufen Unternehmen Schuldverschreibungen an der Börse, für die sie immer höhere Zinsen bieten müssen.

> Das ist für das Wirtschaften genauso gefährlich wie Fieber für einen Menschen.

Dieser Vorgang wird auch „Überhitzung" der Wirtschaft genannt: Zu viele Unternehmen und Personen wollen zu schnell immer mehr.

> Einzelheiten zur Geldmenge kann man im Text zur Bedeutung der Banken nachlesen.

Spätestens jetzt wird die **Zentralbank** eingreifen. Eine ihrer wichtigsten Aufgaben ist es nämlich, die **Geldmenge** zu überwachen, also die gesamte Menge an Geld, die in unserer Wirtschaft unterwegs ist.

> Wenn der Wert des Euro sinkt, kann er nicht mehr so viele Limo-Flaschen stemmen wie zuvor.

Jeder Kredit, den die Banken in der Boom-Phase vergeben, weitet diese Geldmenge weiter aus. Irgendwann sind einfach viel zu viele Kredite an Privatpersonen und Unternehmen vergeben worden. Wenn zu viel Geld im Umlauf ist, sinkt sein Wert (das ist genauso wie zum Beispiel mit Gold. Gold ist selten und wir bezeichnen es daher als wertvoll. Würden wir auf Gold herumlaufen statt auf Erde, wäre Gold nichts wert.).

> Das Angebot an Geld geht stark zurück, und damit steigt dessen Preis, der Zins, noch weiter an.

Die Zentralbank wird nun den „Geldhahn" nach und nach immer mehr zudrehen.

Das wirkt gut, denn Banken können in dieser Phase nur noch Kredite vergeben, wenn sie sich das Geld dafür bei der Zentralbank leihen. Weil Unternehmen an der Börse ihre Schuldverschreibungen für immer höhere Zinsen verkaufen, lösen viele Anleger ihre Geldanlagen bei den Banken auf und kaufen dafür noch besser verzinste Schuldverschreibungen. Den Banken fehlen also zunehmend mehr **Geldanlagen** von sparenden Kunden, die sie als Kredite an andere Kunden ausleihen könnten.

Über den Zins, den die Zentralbank für dieses verliehene Geld von den Banken verlangt, *steuert* (mit einem anderen Wort: leitet) sie die Banken und deren Kreditgeschäft. Deshalb wird dieser Zins auch **Leitzins** genannt.

Der **Leitzins** ist der Zins, den Banken an die Zentralbank zahlen müssen für Geld, das sie sich von der Zentralbank leihen.

Am Leitzins orientieren sich die Zinsen, die Banken für Spargelder zahlen und für Kundenkredite fordern.

Zunächst wird die Zentralbank den Leitzins wahrscheinlich nur leicht anheben, um ein Signal zum Ende der Kreditwettfahrt zu geben. Wenn die Banken das zarte Signal nicht verstehen, wird die Zentralbank den Leitzins schließlich so weit anheben, dass es schmerzhaft teuer wird, Geld bei ihr zu leihen.

Banken müssen ihren Einkaufspreis für Geld an ihre Kunden weitergeben, wenn sie selber noch etwas verdienen wollen.

> Und damit stiegen auch die Zinsen für den Autokredit von Lisas Eltern enorm an.

Sie werden dann allerdings weder Unternehmen noch Privatpersonen finden, die einen so teuren Kredit kaufen wollen. Der drastische Anstieg der **Kreditzinsen** kann sich auch auf bereits laufende Kredite auswirken, die dann ebenfalls teurer werden können.

Als Folge dieser Ereignisse steht den Banken und damit auch der Wirtschaft weniger Geld zur Verfügung.

Insgesamt ist die Nachfrage aber immer noch hoch. Es können jedoch keine größeren Mengen an Produkten hergestellt werden.

> Lisas Mutter wird keine Gehaltserhöhung mehr bekommen, obwohl es dem Unternehmen noch relativ gut geht.

Geht der Boom ungebremst weiter voran, werden die ersten Unternehmen die Preise für ihre Produkte senken und so versuchen zu erreichen, dass *ihre* Waren und nicht die der Konkurrenz gekauft werden. Konkurrenten, deren Produktionskosten zu hoch sind, können diese Kampfpreise nicht durchhalten.

Es kann auch sein, dass mancher Unternehmer im Aufschwung und im Boom einfach falsch investiert hat in seinem Streben nach Gewinn: Die Kosten sind zu hoch, die Qualität nicht gut genug, oder den Menschen gefallen die Produkte vielleicht irgendwann nicht mehr.

> Einzelheiten zur Insolvenz stehen hier: Was passiert eigentlich, wenn ein Unternehmen nicht mehr zahlen kann?

Diese Unternehmen müssen eventuell ganz schließen.

Dadurch werden Menschen arbeitslos, haben weniger Geld und können nicht mehr so viel kaufen.

> Oma Gertrud konnte Aktien zu einem hohen Aktienkurs verkaufen und so viel Geld verdienen.

Am Ende des Booms erkennen die ersten Kapitalanleger, welche weitere Entwicklung sich anzubahnen droht. Sie werden versuchen, die Gewinne an den Börsen mitzunehmen, solange die Kurse noch hoch sind. Das heißt, sie verkaufen Wertpapiere und Aktien, und suchen sich andere Anlagemöglichkeiten, vielleicht in einer anderen Volkswirtschaft. Durch den Verkauf steigt das Angebot an Wertpapieren, worauf die

Aktienkurse und auch die Kurse von festverzinslichen Wertpapieren sinken.

Mit den gestiegenen **Leitzinsen** haben die Banken wahrscheinlich auch die Sparzinsen erhöht. Sie wollen so Geld anlocken, um doch noch weitere Kredite vergeben zu können.

> Vielleicht legt Oma Gertrud den Gewinn aus dem Aktienverkauf als Termingeld zu einem hohen Anlagezins an.

Die gestiegenen Zinsen für Geldanlagen können bald nicht mehr alle Investoren dazu bewegen, Geld in dieser Wirtschaft anzulegen. Denn die Anzeichen für eine ungünstige Konjunkturentwicklung sind inzwischen zu groß geworden.

Geringere Verkaufszahlen für Produkte oder Dienstleistungen, erste **Insolvenzen** und sinkende Aktienkurse betreffen

> Das Unternehmen, in dem Lisas Vater arbeitet, spürt die Probleme offenbar stärker als das Unternehmen von Lisas Mutter.

zunächst nur einige Teile der Wirtschaft, während in anderen Branchen der Boom noch weitergeht.

In dieser Phase wächst das BIP zwar noch etwas, aber der Anstieg des BIP wird von Jahr zu Jahr geringer ausfallen. Man sagt dazu auch, die Wirtschaft **stagniert** (das Hauptwort dazu heißt **Stagnation**).

In einer Übersicht könnte das so aussehen:

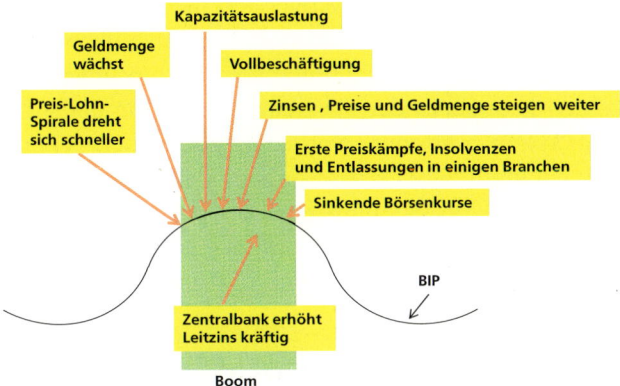

Was passiert in der Abschwungphase?

Als das Gespräch zwischen Lisa und ihrer Oma stattfindet, befindet sich die Konjunktur gerade in der Zeit des Übergangs vom Boom zum Abschwung.

Zu Beginn des **Abschwungs** ist die Nachfrage bereits deutlich zurückgegangen. Das bedeutet, dass die Preise zu sinken beginnen – damit wird auch das BIP geringer und seine Kurve schwingt nach unten. Privatleute und Unternehmer werden vorsichtiger und sparen lieber, als dass sie Ware kaufen.

Lisas Mutter hat bereits angekündigt, dass Lisa und Max vielleicht bald schon weniger Taschengeld bekommen werden.

Wenn auch zu niedrigeren Preisen nicht genügend Ware verkauft werden kann, werden mehr und mehr Unternehmen die Produktion von Waren verringern. Sie können dazu zum Beispiel ihre Mitarbeiter bitten, Überstunden abzubauen. Eine andere Möglichkeit, Entlassungen zu vermeiden, ist die **Kurzarbeit**.

Lisas Vater befürchtet, dass sein Arbeitgeber bald Kurzarbeit anmelden wird.

Kurzarbeit bedeutet, dass ein Unternehmen die Mitarbeiter nur noch für einen Teil ihrer Arbeitszeit beschäftigt und auch nur diese Zeit bezahlen muss. Einen Teil des entfallenen Arbeitsentgelts erhalten die Mitarbeiter als Ausgleich vom Staat.

In den Lagern der Unternehmen stapeln sich unverkaufte Waren. Es wird schließlich nicht mehr investiert. Alle Preise für Waren sinken, ebenso die Zinsen und die Löhne. Unternehmen verdienen weniger und zahlen geringere oder gar keine Dividende mehr für ihre Aktien. Aktionäre werden solche Aktien verkaufen, wodurch deren Kurse sinken. Das gleiche gilt für die Kurse von Schuldverschreibungen, denn viele Anleger befürchten, dass Unternehmen ihre Schulden nicht mehr werden zurückzahlen können.

Niemand will mehr Kredite aufnehmen, auch wenn die immer weniger kosten. Weil Banken weniger mit

Krediten verdienen können, zahlen sie auch weniger Zinsen für neue **Geldanlagen**. Viele Kapitalgeber werden ihr Geld jetzt ganz abziehen und in anderen Staaten anlegen, die in einer erfreulicheren Konjunkturphase wirtschaften und höhere Zinsen bieten.

Die Volkswirtschaft trudelt immer tiefer in den Abschwung hinein. Es kommt zu Entlassungen in immer mehr **Branchen**.

Weil weniger als vorher produziert wird, sinkt auch das BIP in einer Abschwungphase.

Das Bild zu dieser Phase der Konjunktur sieht so aus:

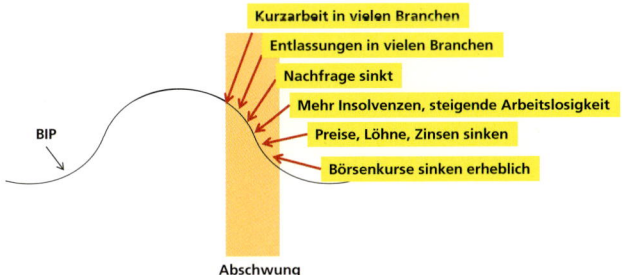

In den Nachrichten kann man in dieser Konjunkturphase manchmal hören oder lesen, dass sich die Konjunktur „merklich abkühle".

> Wir erinnern uns an den Vergleich mit der Körpertemperatur des Menschen: Unterkühlung ist ebenfalls ungesund.

Was passiert in einer Rezession?

In der Phase **Rezession** (das kommt vom lateinischen Wort „recessio", auf Deutsch „zurückweichen") sind viele Menschen arbeitslos und damit ist die **Arbeitslosenquote** hoch. Arbeitslosen*quote* bedeutet, dass von allen Menschen, die arbeiten könnten, ein sehr großer *Anteil* arbeitslos ist. Eine **Quote** ist also ein Anteil an etwas.

Wenn eine Rezession sehr lange dauert und sehr schwerwiegend ist, nennt man das eine Depression.

So etwas ereignete sich in den 1930er Jahren des letzten Jahrhunderts in den USA. Von den USA aus erfasste die große Weltwirtschaftskrise letztlich die gesamte Welt.

Wer arbeitslos ist, hat wenig Geld und kann nicht viel kaufen. Auch die Beschäftigten, die noch Arbeit haben, sind *sehr sparsam* und geben viel weniger Geld aus. Damit ist die Nachfrage insgesamt sehr gering.

Weil Unternehmen wenig verkaufen, können sie nicht viel Gewinn erzielen. Ihre Aktien sind an der Börse für Anleger uninteressant, die **Kurse** fallen noch weiter. Denn nun wollen immer mehr Anleger ihre Wertpapiere verkaufen und hoffen, vielleicht doch noch Kaufwillige zu finden. Das Angebot an Wertpapieren steigt immer weiter.

Andererseits können niedrige Börsenkurse auch interessant sein für Anleger. Wenn das Unternehmen an sich gesund ist, gute Produkte hat und nur wegen der aktuellen Konjunkturflaute leidet, kann es sein, dass viele Anleger diese Aktien kaufen. Sie gehen davon aus, dass dieses Unternehmen wieder hohe Gewinne erzielen wird, sobald das Konjunkturtief überstanden ist. Damit fließt ein wenig neues Kapital ins Land.

Die Zentralbank wird in einer Rezession den Banken Kredite zu niedrigem **Leitzins** geben und hoffen, dass die Banken diese niedrigen Zinsen an ihre Kreditkunden weitergeben.

Jetzt ist es nämlich wichtig, dass Unternehmen wieder Maschinen kaufen, Gebäude renovieren oder andere Investitionen bezahlen. So soll die Wirtschaft wieder angekurbelt werden.

Niedrige **Zinsen** veranlassen die Sparer, ihre Sparguthaben auszugeben. Gerade dann und solange, wie die Preise noch niedrig sind. Auch dadurch steigt die Nachfrage langsam wieder an.

Auch der **Staat** kann eine neue Aufschwungphase einleiten. Der Staat vergibt dann zur Ankurbelung der Wirtschaft Aufträge an Unternehmen, etwa zum Straßenbau. Der Staat kann ebenso Privatpersonen Zuschüsse zu bestimmten Anschaffungen zahlen, etwa zum Kauf eines neuen Autos.

In der Rezession erreicht die BIP-Kurve den tiefsten Punkt.

Am Ende der Rezessionsphase wird das BIP allmählich wieder ganz leicht zu steigen beginnen.

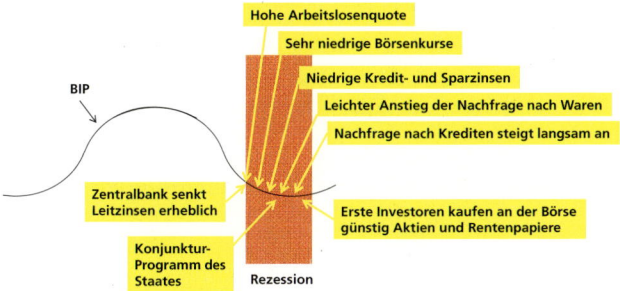

Durch die langsam wieder steigende Zahl von Aufträgen können die Unternehmen bald wieder Mitarbeiter einstellen. Die Zahl der Arbeitslosen beginnt allmählich etwas zu sinken.

Die Zuversicht aller, die Talsohle durchschritten zu haben, bringt nach und nach den Unternehmen wieder mehr Aufträge ein. Und die Privatpersonen kaufen ebenfalls wieder etwas mehr ein.

Damit nähert sich die Wirtschaft allmählich wieder der nächsten Aufschwungphase.

Muss die Konjunktur wirklich immer so stark schwanken?

Viele Wirtschaftswissenschaftler sagen, dass dieses Auf und Ab der Konjunktur für die Art unseres Wirtschaftens völlig normal ist.

Damit die Schwankungen des BIP nach oben und nach unten nicht ganz so extrem werden können, ist Folgendes wichtig:

- Die **Zentralbank** muss den richtigen Zeitpunkt finden, um den Leitzins zu erhöhen oder zu senken.

  Erhöht nämlich die Zentralbank die Leitzinsen in der Boomphase zu früh, kann eine noch gesund wachsende Wirtschaft gestört werden. Reagiert die Zentralbank zu spät, wirkt die Zinserhöhung nicht mehr richtig, und die Wirtschaft läuft ungebremst in die Abschwungphase.

- Auch der **Staat** muss bei seinen Beeinflussungen des Wirtschaftsgeschehens den richtigen Zeitpunkt treffen, um Anreize für das Kaufen oder Investieren zu schaffen. Handelt der Staat zu spät, kann die Wirtschaft viel tiefer in die Rezession geraten, als es hätte sein müssen.

- Was der Staat außerdem alles tut, um die Wirtschaft zu beeinflussen, werden wir im Kapitel zur **Wirtschaftspolitik** erfahren.

Wenn alles bestens läuft, kann sich die Wirtschaft so entwickeln, wie es die grüne Linie zeigt:

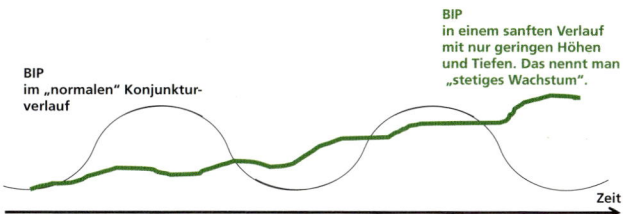

BIP
im „normalen" Konjunktur-
verlauf

BIP
in einem sanften Verlauf
mit nur geringen Höhen
und Tiefen. Das nennt man
„stetiges Wachstum".

Zeit

Die Wirtschaft wächst im Idealfall also langsam, aber von Jahr zu Jahr zuverlässig immer ein bisschen weiter.

> In dieser idealen Situation würde das Fahrrad von Lisa zwar auch teurer sein als das von Max, aber nur ein bisschen.
>
> Lisas Eltern würden von den Gehaltserhöhungen sogar noch etwas sparen können, das Taschengeld von Max und Lisa erhöhen, oder …
>
> Und Oma Gertrud könnte sich darüber freuen, dass die Kurse ihrer Aktien immer ein klein wenig weiter steigen.

Was ist Globalisierung und wie betrifft uns das?

Wir beginnen auch dieses Kapitel mit einem kleinen Beispiel dessen, was Menschen in unserer heutigen Zeit erleben können.

Nach der Orchesterprobe warten Hillary, Jérôme, Mehmed, Angelika, Hanna und Theodros auf ihren Bus.

Es ist kurz vor den Ferien, aber so richtig gut drauf ist niemand von ihnen. Sie werden sich nämlich bald von ihrem Freund Mehmed verabschieden müssen.

„Du gehst wirklich mit Deiner Mutter nach China?" Theodros kann es noch immer nicht wirklich glauben. „Cool!"

Mehmed sieht dem mit gemischten Gefühlen entgegen. „Natürlich ist das irgendwie cool. Aber … na ja …. Es wird wahrscheinlich komisch sein, als „Weißer Riese" sofort aufzufallen."

Jérôme grinst: „Glaub mir, man gewöhnt sich daran, etwas Besonderes zu sein." Alle lachen laut, denn Jérôme ist darin Experte – seine Eltern sind aus dem Kongo, und „schwarz" trifft voll auf seine Hautfarbe zu.

„Warum geht Deine Mutter eigentlich nach China?", fragt Theodros.

„Die Kleiderwerke bauen dort eine neue Fabrik auf. Mutter soll die Produktionsarbeiter anlernen und auch die neuen Gruppenleiter. Soll so zwei Jahre dauern."

„Und dann?" Hillary denkt mal wieder sofort weiter.

„Wissen wir noch nicht. Meine Mutter meint, zurück in das deutsche Werk wird sie wohl nicht gehen, oder zumindest nicht für lange. Hier würde sie wohl nur die Qualitätskontrolle für die Importe aus China leiten können. Das ist zu langweilig, meint sie. Sie träumt eher davon, eine Reiseagentur aufzumachen und Urlaub in einsame Gegenden zu vermitteln. Ein bisschen alternativ und so."

„Ich besuche dich auf jeden Fall in den Ferien", tröstet ihn Hillary. „Wir machen im Urlaub eine dreiwöchige Chinarundreise, und Shanghai ist auch dabei. Der Abstecher zu dir ist bestimmt möglich."

„In der internationalen Schule läuft alles auf Englisch", stöhnt Mehmed.

„Sprache lernt man ganz schnell, wenn es sein muss", meint Theodros. „Mein Großvater kam 1965 aus Athen nach Deutschland, weil er hier endlich Arbeit finden konnte. Er fing in einem Restaurant als Kellner an. Er meint, wenn man wirklich will, lernt man alles."

„Könnte von meinem Opa sein", bestätigt Angelika.

„Opa Antonio hat schon 1958 seine Pizzeria in Rom verkauft und dann hier eine neue aufgemacht. Er musste sofort Ware einkaufen, Pizzabestellungen verstehen und so was. Und meine Oma Maria hat in der Anfangszeit in der Fabrik gearbeitet, um das Familieneinkommen aufzubessern. Die wollte einfach mit ihren Kolleginnen schwatzen können. Als mein Vater in die Schule kam, erzählt sie immer, hat sie mit ihm Grammatik gelernt. Geht alles, wenn man will – und muss."

„Und außerdem – Englisch ist super einfach. Ihr wisst ja, wir kamen erst vor zwei Jahren aus den USA hierher", erzählt Hillary. „Ich hatte den Vorteil, dass Mummy Deutsche ist und ich zweisprachig aufgewachsen bin. Aber Dad tut sich echt schwer mit Deutsch. Bei ihm in der Firma braucht er als Top-Manager nur englisch zu reden, aber bei Feiern mit den Nachbarn oder so hat er echt zu kämpfen. Englisch ist viel einfacher als Deutsch, meint er immer."

„Mein Dad hat hier in Deutschland erst einen Sprachkurs in Stuttgart gemacht, dann Abi, und danach studiert. Na ja, er war noch ziemlich jung, als seine Eltern aus dem Kongo fliehen mussten. …Dad amüsiert sich noch heute, wenn seine Patienten sich über seinen schwäbischen Dialekt wundern – passt voll krass zur Ebenholzhaut. Will sagen, du solltest chinesischen Akzent in deinem Englisch vermeiden, Mehmed", grinste Jérôme erneut. Plötzlich fällt ihm ein, dass auch Hannas Mutter Selma in den Kleiderwerken arbeitet. „Ist Deine Mutter eigentlich auch so schlimm von den Veränderungen bei den Kleiderwerken betroffen, Hanna?"

„Nein, wahrscheinlich nicht. Sie leitet ja die Entwurfsabteilung, und die wird wohl hier bleiben. Macht ja auch Sinn. Wenn man Kleidung entwirft, muss man den Geschmack der Leute erahnen können. Geht wohl besser aus dem eigenen Land heraus."

„In der Zeitung stand, die Kleiderwerke hätten erst letztes Jahr noch einen kleinen Konkurrenten aufgekauft. Und jetzt fallen so viele Arbeitsplätze weg. Dad meint auch, es wäre traurig, dass so ein großes Unternehmen auswandert. Wie damals dieser Mobiltelefonhersteller!", entrüstet sich Hillary.

Mehmed weiß ein paar Gründe: „Mutter meint, das läge nicht nur an dem aktuellen Konjunkturrückgang. Die Billigkleidung aus dem Ausland sei einfach immer besser geworden. Erst war die Stoffqualität mies. Aber seit einiger Zeit ist die wirklich gut, und trotzdem sei alles immer noch billig."

Hanna ergänzt: „Stimmt. Meine Mutter meint auch, wenn die weiter nur hier produzieren würden, würde die Fabrik so hohe Verluste machen, dass sie ganz aufgeben müsste. So bleibt jetzt wenigstens noch die Produktion der komplizierten Trachtenmode in Deutschland."

„Ist schon irgendwie erschreckend, dieser weltweite Unternehmenstourismus", sagt Theodros nachdenklich.

Angelika hakt nach: „Na hoppla – hast Du nicht vorhin erzählt, ihr wart am Sonntagabend beim neuen Original-Inder essen?"

„Manchmal muss man einfach fliegen, um Geld zu verdienen", wirft Jérôme ein. „Dad fliegt so oft er kann am Wochenende und auch im Urlaub nach Birmingham und macht dort Wochenendvertretung für einen Facharzt. Die Briten zahlen dafür echt viel Geld. Mehr als er dafür hier bekommen würde."

Jérôme sieht den bohrenden Blick von Theodros und ergänzt schnell: „Ok, ok, eh du schräg wirst – das Zusatzgeld geht alles in Großvaters Krankenhausprojekt im Kongo. Meine Großeltern sind nämlich vor drei Jahren zurückgegangen nach Afrika und bauen dort ein richtig gutes Krankenhausprojekt auf."

Theodros beharrt wie immer bei diesem Thema auf seiner Sichtweise: „Na schön, dafür lohnt es sich zu reisen. Aber müssen Klamotten, Spielzeug und so was wirklich um die ganze Welt reisen, bis sie verkauft sind?"

„Ach ne, und wo kommen eigentlich die ganzen Seltenen Erden her, Theodros, die für Deinen neuen Super-Computer unentbehrlich sind? Und wurde der nicht in China zusammengebaut? Oder war es Japan – ach nee, von dort ist ja euer Auto…", meint Mehmed etwas genervt.

„Und deine Pomelo von gerade eben ist wohl kaum in eurem Garten gewachsen", wirft Angelika ein.

„Genau das ist es", entrüstet sich Theodros. „Wir fliegen im Urlaub rund um die halbe Welt, im Supermarkt muss immer das neueste exotische Obst sein, und Waren werden von einem Kontinent zum anderen geflogen. Ich frage mich, ob das nicht auch wesentlich umweltfreundlicher geht, mehr so mit kurzen Transportwegen?! Warum ist das eigentlich so?"

Die sechs Freunde haben eine Menge Themen angesprochen. Alle diese Themen gehen darauf zurück, dass die Staaten der Erde beim Wirtschaften immer enger zusammen gerückt sind.

Das Fremdwort dafür, dass Menschen und Unternehmen aus allen Staaten auf der Erde zunehmend in allen Bereichen des Wirtschaftens miteinander verbunden sind, lautet **Globalisierung**.

Was genau haben die Freunde angesprochen?

- Menschen sind mobiler und reisen mehr und weiter als vor Jahrzehnten, nicht nur in den Urlaub.

- Exotische Nahrungsmittel aus fernen Kontinenten sind in reichen Ländern wie selbstverständlich in jedem Supermarkt zu bekommen.

- Menschen können sich in anderen Ländern in einer Sprache verständigen, die auf der ganzen Welt heute so gut wie jeder in der Schule lernt: Englisch.

- Menschen ziehen dorthin, wo sie in Sicherheit leben, **Arbeit** finden oder mehr Geld verdienen können. Sie wandern für immer in diese Staaten aus oder nur für einige Jahre.

- Unternehmen ziehen dorthin, wo Arbeitskräfte zwar weniger kosten, aber die gleiche Arbeit gut ausführen können.

- **Rohstoffe**, die für moderne Geräte wichtig sind, gibt es nicht überall.

- Auch das **Kapital** ist mobil geworden und wird in andere Länder geschickt, um dort investiert zu werden.

Viele Leser werden bereits erkannt haben, dass durch die **Globalisierung** das gesamte Wirtschaften betroffen ist:

Die **Globalisierung** betrifft alle Märkte:

- den Arbeitsmarkt,

- den Markt für Rohstoffe und Waren,

- den Kapitalmarkt.

Warum ist das erst jetzt so gekommen und nicht bereits viel früher?

Deswegen kann Hillarys Familie mal eben für 3 Wochen Urlaub in China machen.

Und für den Vater von Jérôme lohnt sich ein Wochenenddienst in einem englischen Krankenhaus.

Die technische Entwicklung ging ab der zweiten Hälfte des zwanzigsten Jahrhunderts (also so etwa ab dem Jahr 1950) rasant voran. Die gerade erfundene neue Technik wurde in immer kürzeren Zeitabständen noch viel besser:

- Flugreisen wurden immer schneller, sicherer und vor allem billiger. Menschen können so auch in einem kurzen Urlaub einen anderen Kontinent kennenlernen,

- Über Satellitenantennen kann man Radio- und Fernsehsendungen aus aller Welt sehen oder hören – auch so rücken die Menschen immer näher zusammen. Es wird leichter vorstellbar, selbst auf einen anderen Kontinent zu reisen.

- Informationen aus allen Teilen der Welt kann man blitzschnell über das Internet erhalten.

- Moderne Computersysteme ermöglichen es, Daten in Sekundenschnelle rund um die Erde zu transportieren. Deshalb ist es nicht mehr so wichtig, wo

> So kann die Fabrik in China auch von Deutschland aus geleitet werden.
>
> Die Mutter von Mehmed, Yildiz, könnte auch von China aus ihre Reisen in Europa anbieten.

auf der Erde sich die einzelnen Fabriken, die Hauptverwaltung oder die Computer eines Unternehmens befinden. Informationen zwischen Beijing, Tokio, Tallinn, Moskau, Mumbai (das ist der indische Name für die Stadt, die von Europäern früher Bombay genannt wurde), New York und Berlin können genauso schnell ausgetauscht werden, als würden sie nur von einer Straßenseite auf die andere transportiert.

Zunächst wanderten die Menschen

Die Globalisierung des Arbeitsmarktes bestand zunächst darin, dass Menschen aus ärmeren Ländern dorthin auswanderten, wo in reicheren Ländern, den sogenannten **Industrieländern**, Arbeitskräfte dringend gesucht wurden.

> Bei Jérômes Großeltern war das etwas anders. Sie wurden in ihrem Heimatland verfolgt und mussten fliehen, um zu überleben. Sie fanden in Deutschland einen Ort, an dem ihre Familie sicher leben kann.

Solche Wanderbewegungen gab es (und gibt es auch heute noch) zwischen den südlichen Mittelmeerländern und Nordeuropa sowie zwischen Afrika und Europa. Auch z. B. aus Mexiko und anderen Staaten Lateinamerikas wandern viele Menschen in die USA ein, um Arbeit zu suchen.

Wie kommt es zu diesen Wanderbewegungen? Schauen wir uns das am Beispiel Deutschlands an, wo in den 50er Jahren des

> Wir erinnern uns: Am Höhepunkt des Booms sind alle, die arbeiten wollen, beschäftigt.

letzten Jahrhunderts **Vollbeschäftigung** herrschte.

Der Markt boomte sehr intensiv und es wurde lange Jahre hindurch immer mehr verkauft. Das war nicht nur im Inland so. Deutsche Unternehmen verkauften einen großen Teil der Produkte ins Ausland und auch dort war die Nachfrage langanhaltend hoch.

Viele Unternehmen in Deutschland konnten einfach deshalb nicht rund um die Uhr in drei Schichten produzieren, weil keine weiteren deutschen Arbeiter mehr verfügbar waren.

Daher kamen Unternehmen und der deutsche Staat auf die Idee, Arbeitnehmer aus anderen Staaten anzuwerben, die „*Gastarbeiter*" genannt wurden.

Heute gibt es in China ebenfalls solche Wanderbewegungen. Sogenannte „Wanderarbeiter" ziehen aus armen ländlichen Regionen in die Städte, um dort besser bezahlte Arbeit zu suchen.

Für die Menschen aus den südlichen Mittelmeerländern (Italien, Griechenland, Portugal, Spanien und der Türkei) war das Auswandern in ein fernes Land deswegen interessant, weil in ihrem Staat hohe Arbeitslosigkeit herrschte. Es gab in ihren Staaten kaum Unternehmen, und wer Arbeit fand, bekam meist nur einen geringen Lohn. Menschen in diesen Ländern waren überwiegend arm.

Viele setzten sich in den Zug oder den Bus und wanderten nach Deutschland aus. Einige Menschen blieben nur für ein paar Jahre und kehrten mit ihrem verdienten Geld in ihre Heimatländer zurück. Andere gründeten Familien, die heute schon in der zweiten oder dritten Generation in Deutschland zuhause sind.

So kamen die Großeltern von Angelika aus Italien, die von Theodros aus Griechenland und die Großeltern von Mehmed aus der Türkei nach Deutschland.

Nun wandern die Unternehmen

Seit ungefähr den 1980er Jahren zog die Technik, mit der Daten und Informationen noch schneller ausgetauscht werden konnten, in viele Unternehmen ein.

Damit wurde es einfacher, Waren weltweit zu verkaufen. Das galt allerdings für *alle* Unternehmen aus *jedem* Staat auf dem Planeten Erde.

Aufgrund des immer schnelleren Informationsaustausches erfuhren auch Nachfrager schnell, wer das gesuchte Produkt am billigsten verkaufen wollte. Selbst wenn die billigen Waren aus dem Ausland erst noch auf einen fernen Kontinent transportiert wurden, waren sie immer noch billiger als die Produkte, die in den reichen Staaten der Erde hergestellt wurden.

> Die Hersteller der Billigkleidung lernten dazu und verbesserten schnell die Qualität von Stoff und Verarbeitung.

Und über das Internet lernten die Hersteller schnell die Qualitätsansprüche der Verbraucher in Europa kennen.

Damit sind wir bei einer weiteren wichtigen Ursache für die Globalisierung des Arbeitsmarktes.

> Sehr viele Menschen in den reichen Ländern wollen Essen wie im Urlaub genießen. Viele Köche aus dem ärmeren Ausland eröffnen ein Restaurant mit exotischen Speisen, um an diesem Reichtum mitzuverdienen.

In den reichen Staaten auf der Erde sind die Menschen sehr gut ausgebildet, bekommen ein (überwiegend) faires Arbeitsentgelt und sorgen für die Zukunft vor. Zu diesen **Industrieländern** gehört Deutschland. Für vergleichbare Arbeit wird in den Industrieländern ein sehr viel höheres Arbeitsentgelt gezahlt als in den ärmeren Ländern, wo die Nutzung moderner Technik oder das Wirtschaften an sich noch nicht so weit entwickelt sind. Diese Länder werden **Entwicklungsländer** genannt.

In manchen armen Staaten wurde im Laufe der Jahre die Ausbildung der dort lebenden Menschen immer besser. Diese gut ausgebildeten Menschen können in ihrer eigenen Währung genug Geld verdienen, um in ihrem Land einigermaßen gut oder sogar wohlhabend zu leben. Rechnet man deren Arbeitsentgelt jedoch in unsere Währung um, so ist das im Vergleich zu den Löhnen in Deutschland immer noch ein (sehr) geringer Arbeitslohn.

In Deutschland bestehen die Lohnnebenkosten aus den Beiträgen zur gesetzlichen Sozialversicherung.

Zudem gibt es in diesen sogenannten **Schwellenländern** kaum **gesetzliche Sozialversicherungen** (was für die Menschen sehr gefährlich sein kann, wenn sie einen Arzt brauchen, dafür dann aber doch das Geld fehlt!). Damit brauchen Unternehmen, die dort eine Fabrik errichten, keine Lohnnebenkosten zu bezahlen. Zudem locken diese Staaten oft auch mit Steuervorteilen für die Unternehmen. Die hergestellten Waren verkaufen diese Unternehmen jedoch in allen Staaten der Erde, genau wie bisher.

Die Unternehmen haben durch die Verlagerung einer ganzen Fabrik in ein Schwellenland also viel geringere Produktionskosten. Sie können die Verkaufspreise so weit senken, dass sie niedriger sind als die ihrer Konkurrenten, und trotzdem noch hohe Gewinne machen.

Heute ist es für Menschen in den Industrienationen selbstverständlich, dass in den Geschäften Obst, Gemüse, Gewürze und andere Dinge aus der ganzen Welt vorzufinden sind.

Flugzeuge können große Mengen schnell und billig transportieren.

Die Sicht auf die Verteilung von Rohstoffen ändert sich

Im frühen Mittelalter kannte man in Europa nur einen Teil unseres Planeten: Europa selbst, einige Länder rund um die Nord- und Ostsee und das Mittelmeer. Und seit den Reisen venezianischer Kaufleute im

13. Jahrhundert kannte man auch die Länder, die zwischen Europa und China liegen. Seide und Gewürze aus diesen Ländern konnten sich aber nur sehr wenige sehr reiche Menschen leisten.

Schon kurz nachdem Seefahrer im Mittelalter die neuen Kontinente Nord- und Südamerika entdeckt hatten, begannen die Könige der europäischen Staaten, Rohstoffe (zum Beispiel Erze, Gold und andere Metalle) aus diesen Ländern nach Europa holen zu lassen.

Auch in den Jahrhunderten danach war der Rohstoffmarkt eine Art Einbahnstraße. Unternehmen aus Industrieländern ließen in Entwicklungsländern, den ärmsten Ländern auf unserem Planeten, die Rohstoffe abbauen und transportierten sie in ihre Heimatländer. Die Menschen in den rohstofffreichen Entwicklungsländern erhielten für ihre Arbeit nur wenig Geld. Die besser bezahlte Weiterverarbeitung der Rohstoffe erfolgte nur in den Industrienationen.

Im Laufe der Jahrzehnte wandelte sich das Bewusstsein für wirtschaftliches Handeln. Immer mehr Menschen wollen heute, dass *alle* Beteiligten Nutzen aus dem Handel mit Rohstoffen ziehen sollen, also auch und vor allem die Menschen in den ganz armen Staaten der Welt.

Ein Beispiel hierfür:

Für die Herstellung von modernen Akkus (also leicht transportierbarer Stromquellen), für Dauermagnete der Windkrafträder oder die LED- und Plasmabildschirme der Laptops werden sogenannte „Seltene Erden" benötigt. Wie der Name sagt, sind das seltene Rohstoffe, die aber sehr wichtig für die moderne Industrie sind. Länder, in denen dieses Metall vorkommt, z. B. China und Bolivien, stehen damit buchstäblich vor einer reichen Zukunft.

In dem Entwicklungsland Bolivien gibt es die Idee, die Seltenen Erden nicht nur zu fördern, sondern im Land selbst zu den Vorprodukten zu verarbeiten, die Industrieunternehmen für die Produktion benötigen.

Auch Kapital wird weltweit gehandelt

Banken haben schon seit dem Mittelalter Geldhandel betrieben, auch über Staatsgrenzen hinweg.

Private Investoren und auch Unternehmen können zum Beispiel die niedrigen Zinsen in einem Staat nutzen, der vielleicht gerade in einer Abschwungphase ist.

Sie nehmen dort einen Kredit auf.

Dieses Geld können sie in einem anderen Land, das gerade eine Boomphase erlebt, zu viel höheren Zinsen anlegen.

Heute sind diese Wanderbewegungen von Geld allerdings nicht mehr nur auf Banken begrenzt. Private Investoren können ebenso wie Unternehmen an allen **Börsen** der Welt **Wertpapiere** kaufen oder verkaufen. Sie nutzen die Unterschiede in der Zinshöhe so aus, wie es für sie am besten ist, um möglichst viel Zinsen zu verdienen.

Manche Unternehmen lassen ihre Aktien nicht nur an der Börse ihres Heimatlandes handeln, sondern auch an anderen großen Börsen, zum Beispiel in Frankfurt/Main, London, Tokio oder New York.

Man will so mehr **Eigenkapital** anziehen und größere Auflagen von Schuldverschreibungen verkaufen können als es in dem vergleichsweise engen heimischen Kapitalmarkt möglich wäre.

Vielleicht haben die Kleiderwerke so den kleineren Konkurrenten aufgekauft.

Unternehmen können an der Börse auch Aktien von Konkurrenzunternehmen aufkaufen.

Wenn die Kartellbehörden zustimmen, kann dadurch ein großer internationaler **Konzern** entstehen (ein Konzern ist eine Gruppe von einzelnen Unternehmen, die denselben Aktionären gehören und gemeinsam verwaltet werden). Auch dies ist eine Art der Globalisierung von Kapital.

Kapital fließt zum Beispiel auch ganz einfach in große Investitionsvorhaben, wie den Bau eigener Fabriken im Ausland. Die Rechnungen z. B. der Bauunternehmen müssen bezahlt werden und so fließt Geld zwischen den Staaten.

> Die Kleiderwerke werden also Kapital in Form von Buchgeld von Deutschland nach China überweisen.
>
> Das geschieht auch, wenn Jérômes Vater in Großbritannien verdiente Britische Pfund in den Kongo überweist, um dort den Krankenhausaufbau zu unterstützen.

Politiker der Staaten dieser Erde müssen global denken

Die Volkswirtschaften der Staaten sind zunehmend miteinander verzahnt. Damit wirkt sich das, was in einem Staat passiert, immer schneller auch auf andere Staaten aus.

Damit es beim globalen Wirtschaften fair zugeht, müssen die Regierungen der Staaten dafür sorgen, dass es überall ungefähr dieselben Regeln gibt, nach denen Unternehmen handeln müssen, zum Beispiel beim **Verbraucherschutz**.

Auch für Banken müssen in jedem Staat dieselben Spielregeln gelten, damit ihr globaler Wettbewerb fair ablaufen kann und trotzdem die Rechte der Anleger geschützt werden können – zum Beispiel durch einheitliche Regeln für die **Bankenaufsicht**.

Wie kam es zur Finanzkrise ab 2007?

Eigentlich sind die Zusammenhänge, aus denen die große **Finanzkrise** entstand, ziemlich einfach: Viele

Menschen wollten schnell möglichst viel Geld ver-
dienen. Sie vergaßen dabei aber völlig, dass mit der
Chance auf hohe Gewinne immer auch ein großes
Risiko verbunden ist.

Banken nutzten Lücken in der **Bankenaufsicht** und
pumpten immer mehr Anlagemöglichkeiten zweifel-
hafter Qualität in den Markt.

Eine riesengroße „Seifenblase" mit riesigen investier-
ten Geldbeträgen von Millionen von Anlegern wuchs
und wucherte. Und plötzlich platzte die Seifenblase –
und übrig blieb nur noch ein riesengroßer Schulden-
berg.

Um die Zusammenhänge richtig verstehen zu können,
schauen wir uns wieder ein Beispiel an.

Hanna besucht ihren Onkel Bernd, der am Waldrand eine
riesengroße Apfelplantage besitzt. Onkel Bernd verspricht
Hanna, dass sie im Spätsommer, wenn die Äpfel reif sind,
10 kg Äpfel für den Preis von 2 Euro von ihm bekommt.
Das ist super günstig. Es ist aber gerade erst Juni, und
Hanna mag Äpfel eigentlich gar nicht so sehr. Sie würde
viel lieber frische Kirschen holen, hat aber nicht genügend Taschengeld, um welche zu kaufen. Hanna ist sehr
klug und hat eine Idee.

Sie schreibt in schöner Schrift einen kleinen Brief.

**Lieber Onkel Bernd,
bitte gib demjenigen, der Dir diesen Brief überreicht, 10 kg
Äpfel zum Preis von insgesamt 2 Euro.
Deine Hanna**

Onkel Bernd wohnt in der Waldstraße 1 in Musterstadt.

Hanna geht damit am nächsten Tag zu ihrem Schul-
freund Roberto, von dem sie weiß, dass er gern Äpfel isst,
und verkauft ihm den Brief für 4 Euro. Das ist immer noch
ein guter Preis für 10 Kilo Äpfel.

Unter den Schülern ihrer Schule kommt Hannas Idee gut

an, und immer mehr solcher Briefe werden weiterverkauft.

Schließlich landet Hannas Brief bei Johannes, der von seinen Freunden kurz Jo genannt wird, nachdem er schon oft weiterverkauft worden war. Johannes muss für Hannas Apfelbrief bereits 30 Euro bezahlen.

Die Eltern von Johannes gelten als sehr reich: Seine Mutter ist Goldschmiedemeisterin und führt das Juweliergeschäft weiter, das sie von ihrem Vater geerbt hat. Toni, der Vater von Johannes, verkauft teure Kunstkeramik.

Es ist mittlerweile schon September geworden, und Jo schaut etwas nachdenklich auf den Apfelbrief. Ihm ist nicht wirklich wohl bei dem Gedanken, dass er für die 10 kg Äpfel nun schon 30 Euro bezahlt hat. Und dann ist da auch noch der Tomatenbrief, den er für 5 Euro gekauft hat …

Ihm kommt eine Idee, die er für genial hält: Er erfindet das Jo-Papier.

Er schreibt auf einen Bogen Papier, auf dem ein nettes Bild gedruckt ist und der richtig wertvoll aussieht:

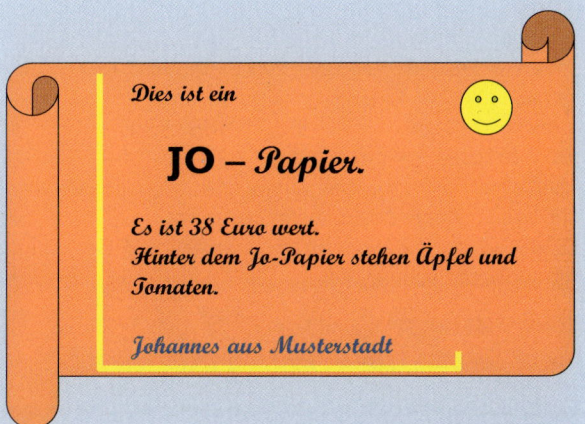

Dies ist ein

JO – Papier.

Es ist 38 Euro wert.
Hinter dem Jo-Papier stehen Äpfel und Tomaten.

Johannes aus Musterstadt

Jo macht für das Jo-Papier richtig Werbung bei allen seinen Freunden: in der Schule, in seinem Sportverein und bei jedem, den er trifft. Bald schon handeln die Schüler und Schülerinnen um ihn herum eifrig das Jo-Papier. Und es gibt bald auch ein Ute-Papier, ein Frank-Papier und viele mehr.

Johannes ist dafür bekannt, dass er viel Taschengeld hat und seine Schulden immer sehr pünktlich bezahlt. Und das Jo-Papier, das Jo für 38 Euro verkauft hatte, ist bald 50 Euro wert. Soviel jedenfalls hat Timo kurz vor Weihnachten dafür bezahlt. Stolz erzählt er beim Abendbrot seinen Eltern, Unternehmer Bodo und dessen Ehefrau, von seiner guten Geldanlage. Zu seinem Entsetzen erfährt er von Vater Bodo, dass die Eltern von Johannes schon vor ein paar Wochen Insolvenz angemeldet haben.

Timo überlegt laut, ob er jetzt nicht einfach aus dem „Jo-Papier" ein neues „Timo-Papier" machen sollte. Er wurde nämlich schon oft von Freunden gefragt, ob er noch andere solche Papiere hat, die sie ihm abkaufen könnten. Nachfrage bestünde also durchaus noch und er wäre das wahrscheinlich wertlose Jo-Papier vielleicht sogar noch mit Gewinn wieder los.

Vater Bodo schärft Timo jedoch ein, dass er das Jo-Papier jetzt nicht mehr weiterverkaufen darf. Er weiß ja nun, dass das Jo-Papier sehr wahrscheinlich nicht mehr viel wert sein dürfte. Wenn er es trotz dieses Wissens doch weiterverkauft, würde er den Käufer betrügen.

Gleich am nächsten Morgen fährt Timo mit seinem Fahrrad so schnell er kann zu Johannes und fordert sein Geld zurück. Wenigstens die 38 Euro will er haben, die als Wert auf dem Jo-Papier stehen. Johannes ist es peinlich, aber er muss Timo leider sagen, dass er schon seit Wochen kein Taschengeld mehr bekommen hat. Und das Geld von seinem Sparbuch haben seine Eltern längst schon wieder abgehoben.

Er hat in seiner Geldkassette nur noch den Apfelbrief von Hanna. Den gibt er nun an Timo.

Timo fährt sofort weiter zu der angegeben Adresse von Onkel Bernd.
Der staunt nicht schlecht, als ihm ein völlig fremder Junge Hannas Apfelbrief zeigt. Er wusste nichts von Hannas Geschäft. Aber er erkennt Hannas Handschrift und ihre Art, Briefe zu schreiben. Er ruft bei Hanna trotzdem noch an. Hanna ist es ziemlich unangenehm, dass sie vergessen

hatte, Onkel Bernd von ihrem Geschäft mit den Äpfeln zu erzählen.

Onkel Bernd ärgert sich nicht lange, denn es ist ihm mittlerweile egal, an wen er die Äpfel gibt. Also geht er mit Timo in den Obstkeller.

Es ist aber inzwischen, wie gesagt, schon Mitte Dezember, die Apfelernte ist lange vorbei. Die Äpfel, die Onkel Bernd noch im Keller hat, sind ziemlich schrumpelig und einige haben schon schlechte Stellen. Und 10 Kilo sind es bei weitem auch nicht mehr. Im Lebensmittelgeschäft würden diese ganzen Äpfel, die er noch hat, vielleicht 1 Euro wert sein.

Und so fährt Timo dann mit Äpfeln im Wert von 1 Euro nach Hause, für die er am Ende des ganzen Apfelbrief- und Jo-Papierhandels 50 Euro bezahlt hat.

Timo denkt ärgerlich an die anderen, die vor ihm das Jo-Papier gekauft und wieder weiterverkauft hatten. Die haben damit viel Geld verdient. Aber keiner von all denen wusste, was für ein anfassbarer Wert hinter diesem ganzen Handel wirklich steckte. Er ist der Dumme, weil er als Letzter das Jo-Papier genau jetzt besessen hat, als das Ganze geplatzt ist.

Soweit das Beispiel. Die Geschichte klingt so, als wenn kein vernünftiger Mensch so ein Jo-Papier kaufen würde?

Stimmt – und stimmt nicht.

Wenn man in Ruhe nachdenkt, merkt man sehr schnell, dass das Jo-Papier eigentlich nicht viel wert sein kann.

Wenn aber sehr viele Menschen erzählen, wie viel Geld sie mit dem Weiterverkaufen des Jo-Papiers verdient haben, dann gibt es genügend Menschen, die gierig werden, und immer mehr und noch mehr Geld verdienen wollen. Und diese Menschen denken wie Timo gar nicht mehr darüber nach, *was* sie da eigentlich für viel Geld kaufen.

Das ist wie bei einer Seifenblase: Solange man Luft hineinbläst, wird sie größer und größer. Irgendwann schwebt sie davon und macht sich selbstständig. Und schließlich platzt die Seifenblase. Und was bleibt übrig? – Nichts.

So ähnlich wie Timos kleiner Alptraum entstand auch die schwere Finanzkrise, die ab dem Jahr 2007 etliche Banken und schließlich die ganze Wirtschaft in sehr vielen Staaten schwer schädigte.

Dabei ging es natürlich nicht um Äpfel.

Ursache waren **Hypothekenkredite**, die in den USA an nicht ganz so zahlungskräftige Bankkunden vergeben wurden. Solche weniger sicheren Bankkunden nennt man auf Englisch „**Subprime**" (das bedeutet auf Deutsch: sub = unter, prime = erstklassig; „subprime" bedeutet also ungefähr „unter den erstklassigen liegen", kurz kann man es also auch mit „zweitklassig" übersetzen. Deshalb wird diese Finanzkrise auch „Subprime-Krise" genannt).

> Zur Erinnerung: Hypothekenkredite sind Kredite, bei denen ein Haus als Sicherheit dient.

Am Anfang jagten alle den erhofften Gewinnen hinterher

Im Jahr 2005 war in den USA der Markt für Häuser geprägt von hoher Nachfrage. Sehr viele Menschen wollten endlich ein eigenes Haus haben oder ein größeres als bisher. Die meisten Men-

> Die Wirtschaft der USA befand sich zu diesem Zeitpunkt also schon länger in einer Aufschwungphase.

schen hatten Arbeit, die Wirtschaft war lange in einer sehr guten **Konjunktur**phase und alle fühlten sich wohl und sicher.

Die immer weiter steigende Nachfrage führte zu stetig steigenden Preisen für **Immobilien**.

Dadurch fühlten sich Banken sicher, wenn sie **Hypothekenkredite** auch an solche Kunden vergaben, die nur eine mittelmäßige, zweitklassige **Bonität** hatten.

Die zweitklassige Bonität konnte zum Beispiel darin liegen, dass diese Menschen wenig Einkommen erhielten, jedenfalls zu wenig im Vergleich zu der Höhe

> Bonität ist die Kreditwürdigkeit. „Zweitklassige Bonität" bedeutet in anderen Worten, dass die Bank bei diesen Krediten bewusst ein höheres Risiko einging.

des Kredites, den sie haben wollten. Oder diese Kunden hatten bereits viele andere Kredite, waren also in Gefahr, all diese Kredite nicht mehr zurückzahlen zu können.

Die Bank nahm dieses höhere Risiko gelassen hin, denn sie hatte das Haus als Sicherheit erhalten. Falls der Kunde also seinen Kredit nicht mehr zurückzahlen konnte, könnte die Bank das Haus versteigern lassen und so das geliehene Geld wieder zurückbekommen.

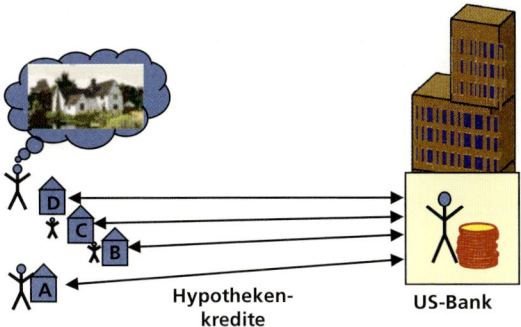

Da die Immobilienpreise munter weiter stiegen, glaubten auch viele dieser Kreditschuldner, dass sie notfalls ihr Haus mit Gewinn verkaufen könnten. Sie nahmen deshalb hin, dass die **Kreditzinsen**, die sie zahlen mussten, nicht fest waren, sondern von der Bank erhöht werden konnten.

Dadurch soll das Risiko für die Eigentümer der Bank verringert werden (denn auf diesem Spezialgebiet ist die Bank dann besonders erfahren).

Diese Einschränkung nimmt Banken in den USA aber auch die Chance, Verluste aus dem Hypothekengeschäft durch Gewinne z.B. aus dem Kreditgeschäft wieder ausgleichen zu können.

Auch in den USA müssen sich Banken an Regeln der **Bankenaufsicht** halten und können nicht beliebig viele Kredite vergeben. Hinzu kommt, dass eine Bank in den USA nur ganz bestimmte Geschäfte machen darf. Eine **Hypothekenbank** darf nur Hypothekenkredite verkaufen, nicht aber Kredite für Anschaffungen an Kunden geben, oder Wertpapiere verkaufen oder Geldanlagen von Kunden annehmen. Dafür gibt es dann wieder spezielle Banken, die nur solche Geschäfte machen dürfen.

Auch in den USA dürfen Hypothekenbanken nur ein bestimmtes Vielfaches ihres **Eigenkapitals** als Hypothekenkredite vergeben. Nehmen wir mal an, eine Hypothekenbank darf nur das Zwanzigfache ihres Eigenkapitals als Kredite vergeben. Wenn sie 1 Million Dollar (so heißt die Währung der USA) Eigenkapital hat, dürfte sie demnach Hypothekenkredite für zusammen maximal 20 Millionen Dollar vergeben. Sind diese 20 Millionen erreicht, kann sie an der noch viel größeren Nachfrage nach Hypothekenkrediten nicht weiter mitverdienen.

Die Hypothekenbanken in den USA fanden heraus, wie sie trotz dieser Regeln immer mehr Hypothekenkredite vergeben konnten, wenn sie die bereits gewährten Kredite einfach verkauften! Wichtig dabei ist zu wissen, dass ein Großteil der vergebenen Hypothekenkredite an Schuldner mit *zweitklassiger* Bonität ausgezahlt worden war.

Wenn man einen Kredit weiterverkauft, nennt man ihn einen
verbrieften Kredit. Die Bank
schreibt in einem **Dokument**
auf, was gegen dieses Dokument von einem Kreditnehmer
zurückgefordert werden kann.
Dadurch wird dieses Dokument han-
delbar, d. h. es kann selbst ebenfalls verkauft werden.

> Das ist so ähnlich wie
> bei Hannas Apfelbrief. Sie schreibt,
> ihr Onkel Bernd gäbe jedem, der ihm
> diesen Brief überbringe, 10 kg Äpfel.
> Diese 10 kg Äpfel könnten wir mit dem
> Wert der Kreditsicherheit, also
> den Häusern, gleichsetzen.

Käufer dieser verbrieften Kredite waren Tochterunternehmen der Hypothekenbanken, die genau für
diesen Zweck von den Hypothekenbanken selbst
gegründet worden waren.

Ein **Tochterunternehmen** entsteht dadurch, dass
ein Unternehmen ein anderes gründet und ihm ein
wenig von seinem Eigenkapital abgibt. Das gründende
Unternehmen wird dann „Muttergesellschaft". Dieses Tochterunternehmen ist rechtlich nicht ganz
selbstständig und muss zum Beispiel seinen erzielten
Gewinn an die Muttergesellschaft abgeben. Andererseits muss die Muttergesellschaft die Schulden des
Tochterunternehmens bezahlen, wenn die Tochter
das nicht mehr selbst tun kann.

Das Tochterunternehmen der US-Bank nennen wir
der Einfachheit halber kurz „Zweck-Tochter". Wenn
unsere Hypothekenbank also die gesamten Hypothe-
kenbriefe im Gesamtwert von 20 Millionen Dollar an
ihr Tochterunternehmen verkauft, kann sie wieder
neue Kredite vergeben, ohne die Regeln der **Bankenaufsicht** zu verletzen (vielleicht nur noch Kredite im Gesamtwert von 19,5 Millionen Dollar, weil sie
ja einen Teil ihres ursprünglichen Eigenkapitals bei
der Gründung der Zweck-Tochter an diese abgege-
ben hatte).

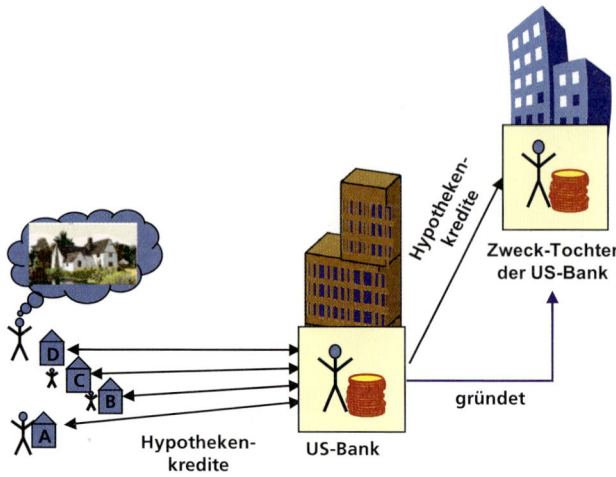

Damit nutzten die Banken eine Lücke in der Bankenaufsicht der USA. Diese verkauften Kredite waren ja nach wie vor **Schulden** von Kreditnehmern, die auch das Risiko in sich trugen, dass der Kreditnehmer den Kredit nicht mehr zurückbezahlen kann. Trotzdem begrenzten weiterverkaufte Kredite nicht mehr die Möglichkeit der Banken, neue Hypothekenkredite zu vergeben.

Natürlich muss ein Mutterunternehmen auch für sein Tochterunternehmen **haften**, also dessen Schulden übernehmen. Aber solange das nur eine *theoretische* Verpflichtung blieb (also stattfinden *könnte*, *eventuell* und *vielleicht*), schränkte dies die Möglichkeit, neue Kredite zu vergeben, ebenfalls nicht ein.

Und dieses Verkaufen von Krediten wurde nicht einmal, sondern sehr häufig gemacht, so dass eine große Menge an weiterverkauften verbrieften Hypothekenkrediten entstand.

Diese Zweck-Tochter der Bank fasste nun wiederum viele dieser zweitklassigen Hypothekenkredite zusammen und gab sogenannte **Zertifikate** heraus.

Zertifikat ist ein anderes Wort
für „Bescheinigung" oder „Dokument". Diese Zertifikate
wurden „Hypothekengesicherte
Wertpapiere" genannt, auf Englisch „Mortgage
Backed Securities" (MBS).

> In unserem Beispiel am Anfang
> dieses Kapitels haben wir ein solches
> Papier „Jo-Papier" genannt.

Fassen wir an dieser Stelle nochmals kurz zusammen,
was passiert ist: Eine sehr große Anzahl hochriskan-
ter Hypothekenkredite, die an Schuldner mit zweitklassiger Bonität gegeben worden waren, dienten nun
als Sicherheit für ein neuartiges Zertifikat, das an
andere Kunden verkauft werden sollte.

Um diese Zertifikate besser an
Börsen verkaufen zu können,
ließ man sie von **Rating-Agenturen** bewerten. Ziel war natürlich, für möglichst viele dieser

> Wir erinnern uns: Rating ist ein
> Maß für das Risiko, dass der Käufer
> eines solchen Dokumentes
> sein Geld verliert.

Zertifikate eine möglichst gute Bewertung zu erzielen.

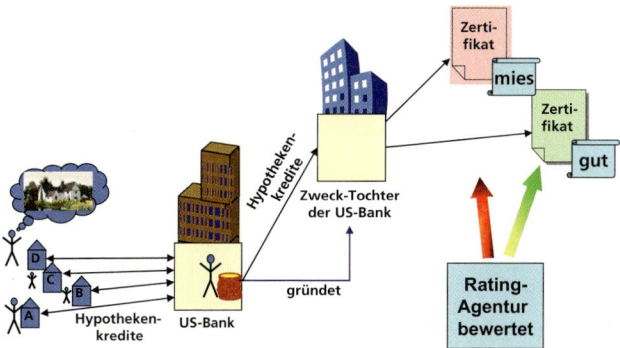

Diejenigen MBS-Zertifikate, die eine schlechte Bewertung erhielten, wurden wieder weiterverkauft und
erneut in einem anderen Zertifikat zusammengefasst.
An dieser erneuten Zusammenfassung schlechter
Zertifikate in einem neuen Zertifikat beteiligten sich
auch viele europäische Banken. Sie sahen darin eine
Chance, ebenfalls endlich am blühenden amerikanischen Häusermarkt mitverdienen zu können.

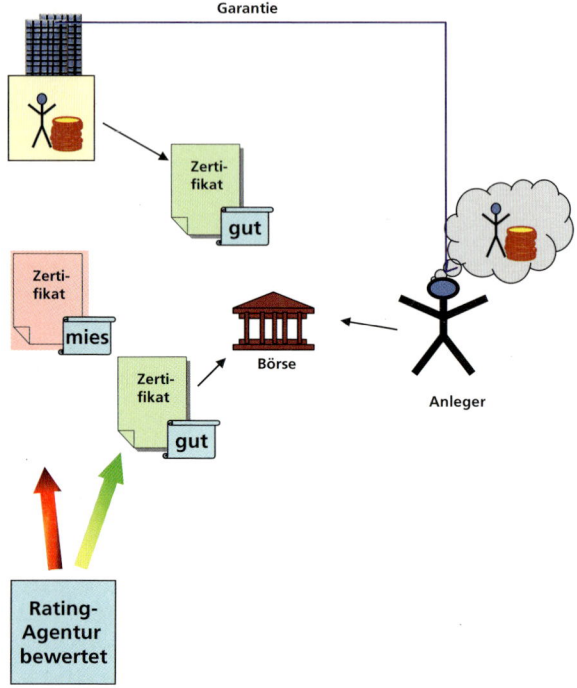

Diese erneuten Zertifikate wurden von den Zweckgesellschaften der europäischen Banken wieder in neue Papiere, sogenannte „Forderungsbesicherte **Wertpapiere**" eingebracht, englisch „Asset Backed Securities" (ABS). Sie wurden mit kurzen **Laufzeiten** von nur einem Jahr versehen, d.h. sie konnten nach einem Jahr zurückgegeben werden. Um den Anlegern die Entscheidung zum Kauf zu erleichtern, versicherten die europäischen Banken ihnen, dass die Käufer kein Geld verlieren würden. Diese **Garantien** waren ebenfalls nur kurzfristig für maximal ein Jahr gültig.

Hätte Timo seine Idee wahrgemacht, und das Jo-Papier einfach in ein neues „Timo-Papier" umgewandelt, hätte auch er so etwas wie ein ABS geschaffen.

Er hätte wissentlich aus etwas Geringwertigem ein neues Papier gemacht und das dann wieder teuer verkauft.

Käufer dieser ABSs hofften, sie nach sehr kurzer Zeit zu einem höheren Kurs wieder verkaufen zu können. Und wenn der Kurs mal sehr stark fallen würde, konnte ein Käufer auf die kurze Laufzeit vertrauen und sie an die Bank zurückverkaufen – diese hatte die Rücknahme ja garantiert.

Wegen dieser kurzen **Laufzeit** von nur einem Jahr brauchten die europäischen Banken die Garantien nicht in ihre Buchführung aufzunehmen. Sie nutzen ebenfalls eine Lücke in den Spielregeln der europäischen **Bankenaufsicht**. Garantien, die eine europäische Bank vergibt, schränken ihre Möglichkeit, Kredite zu vergeben, (zunächst) nicht ein. Das geschieht nach den (damaligen) europaischen Spielregeln für Banken nämlich nur dann, wenn die Garantie von einem Kunden wirklich in Anspruch genommen wird.

Aus den Hypothekenkrediten waren also zunächst verbriefte Kredite geworden, daraus dann MBS-Zertifikate, von denen einige schließlich wieder und wieder in neue und immer anders zusammengesetzte Zertifikate umgewandelt wurden.

Derart über mehrere Stufen aufgebaute Dokumente nennt man auch **strukturierte Papiere**. Diese strukturierten Papiere sind sehr kompliziert und verworren. Besonders kritisch wird es, wenn man kaum noch erkennen kann, auf welche wirklich existierenden, anfassbaren Werte diese Papiere aufbauen.

Insgesamt sieht unser Bild von den Ursachen der Finanzkrise, die ab 2007 unsere Wirtschaft gefährdete, nun so aus:

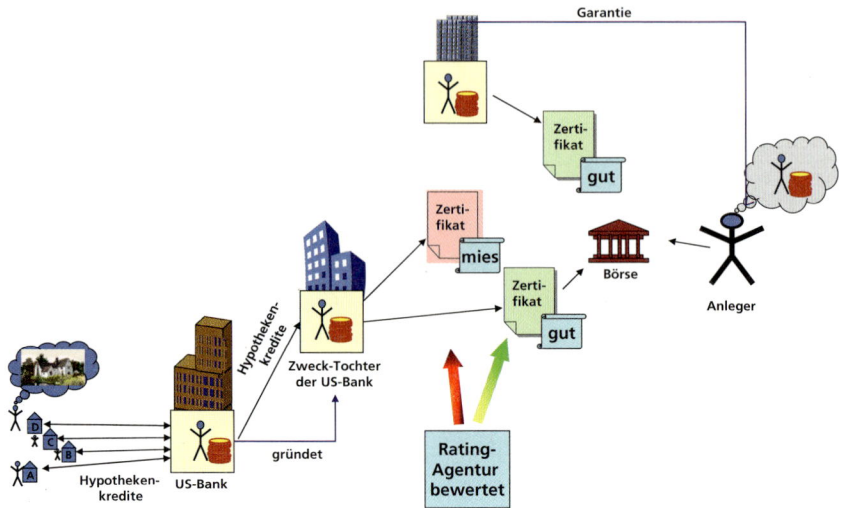

Einen weiteren wichtigen Punkt dürfen wir nicht vergessen: die Gier des Menschen nach immer mehr Geld.

Timo freut sich, dass er viel Geld mit dem gekauften Jo-Papier verdienen könne. Auch andere Papiere werden munter gehandelt.

Für Timo ist es normal geworden, mit solchen Papieren Geschäfte zu machen.

Viele Anleger schauten offenbar nur noch auf die möglichen Gewinne aus dem Anstieg der Kurse. Manche Anleger kauften die Papiere nicht an der **Börse**, sondern sogar direkt von den europäischen Banken und Zweck-Töchtern der Banken, die diese Zertifikate und Papiere ausgaben. Und das manchmal zu einem Phantasiepreis. Denn nur an der Börse entsteht ein Preis durch Angebot und Nachfrage. Wer solche Papiere direkt von den herausgebenden Banken kaufte, konnte nicht sicher sein, jemals den Kaufpreis wieder zurückzubekommen, wenn er das Dokument mal an der Börse verkaufen wollte oder musste.

Und die Gier hatte noch ein zweites Tor hinein in das Marktgeschehen: die Angestellten der Banken, die diese „Wertpapiere" für die Banken selbst und für deren Kunden kauften und verkauften. Diese **Börsenhändler** waren nämlich an dem *Umsatz* beteiligt, den sie machten, also an den Einnahmen aus dem Verkauf möglichst teurer Zertifikate und Papiere („Umsatz" ist das Rechenergebnis, wenn man den Wert aller verkauften Produkte zusammenzählt).

Es ging nur darum, möglichst schnell möglichst viel zu verkaufen. Niemanden interessierte, *was* da eigentlich verkauft wurde und *welche Folgen* das alles haben konnte.

Die Seifenblase platzt

Es war wie bei einer Seifenblase: Es wurden immer mehr verkaufte **Hypothekenkredite, Zertifikate** und vermeintliche Wertpapiere in dieses Börsenspiel hineingepumpt – und plötzlich platzte die Seifenblase.

Wir haben bereits im Kapitel über die Konjunktur gesehen, dass es beim Wirtschaften nicht nur Aufschwungphase und Boom gibt, sondern dass die **Konjunktur** auch schwächer wird und es auch mal tief in eine Abschwungphase hineingehen kann. Das weiß eigentlich jeder, der sich für das Wirtschaften interessiert.

> Die Eltern von Johannes müssen Insolvenz anmelden, und Johannes bekommt kein Taschengeld mehr. Auch sein Sparkonto musste für Schulden der Eltern haften. Er ist plötzlich arm.

In diesem gefährlichen Spiel mit Verbriefungen und Zertifikaten war es offenbar dennoch für viele völlig überraschend, dass die **Zentralbank** der USA in einer Phase des **Booms** die Kreditzinsen kräftig anhob, um so mäßigend auf die Konjunktur einzuwirken. Die **Geldmenge** in den USA

> Die Zentralbank der USA wollte also eine Überhitzung bremsen. Durch den höheren Zins wurden Kredite teurer. Die Geldmenge sollte nicht weiter wachsen.

war nämlich aufgrund der vielen Kredite zu stark angewachsen. Als eine Gegenmaßnahme erhöhte die US-Zentralbank die **Leitzinsen**.

Viele der Hypothekenschuldner hatten Kredite akzeptiert, deren Zinsen durch die Banken erhöht werden konnten. Und das taten die Banken nun auch. Sie passten die Zinsen für die alten **Hypothekenkredite** an den neuen höheren Leitzins an.

Viele Kreditschuldner mussten nun ihre Häuser verkaufen, weil sie zu wenig Geld verdienten und die höheren Zinsen nicht mehr bezahlen konnten. Oder die Banken ließen die Häuser zwangsversteigern, weil die zweitklassigen (subprime) Kreditschuldner nicht freiwillig verkaufen wollten.

Manchmal waren die amerikanischen Hauseigentümer, die ihre **Kreditraten** nicht mehr bezahlen konnten, völlig überrascht, dass eine ihnen gänzlich unbekannte europäische Bank auftauchte und ihr Haus versteigern ließ. Sie waren über den Weiterverkauf ihrer Hypothek nicht informiert worden.

So ähnlich erging es Onkel Bernd, als Timo ihm Hannas Apfelbrief zeigte.

Durch das gestiegene Angebot an Häusern sanken schnell die Preise für *alle* Immobilien. Darunter litten auch die Kunden mit *guter* Bonität, die ihr Haus als Sicherheit für einen Kredit verwendet hatten.

Die Verluste der Banken wuchsen gefährlich stark an. Die zwangsversteigerten Häuser brachten weniger Geld ein, als für die Rückzahlung der Kredite erforderlich gewesen wäre, und die Banken konnten das restliche Geld nicht zurückbekommen.

Neue Anleger waren nun nicht mehr bereit, solche Zertifikate und Dokumente zu kaufen, auch nicht zu einem noch so niedrigen Kurs. Das Risiko war ihnen jetzt viel zu hoch geworden.

Weil niemand diese Papiere mehr haben wollte und die Zertifikate schließlich überhaupt nichts mehr wert waren, verloren viele private Anleger große Teile ihres Vermögens.

> So ist es in unserem Beispiel Timo ergangen: Er hat das Jo-Papier zu einem viel zu hohen Preis gekauft und wird es nun nicht mehr los.

Diejenigen Anleger, die nun auf den Zertifikaten und Dokumenten saßen und von europäischen Banken **Garantien** gegen einen Vermögensverlust erhalten hatten, nahmen diese Garantien jetzt in Anspruch. Wenn aber Garantien, die eine Bank gegeben hat, wirklich in Anspruch genommen werden, sind sie plötzlich wieder wichtig für die Spielregeln der **Bankenaufsicht**, an die sich Banken halten müssen.

Die Beträge aus den Garantien, die sie nun an ihre Kunden zurückzahlen mussten, waren nicht geplant gewesen. Diese Banken waren nämlich davon ausgegangen, dass die Garantien niemals in Anspruch genommen werden würden. Folglich hatten die Banken es versäumt, die Zahlungsverpflichtungen, die sich aus den ausgesprochenen Garantien ergaben, in den Büchern auszuweisen. Und weil die Banken ihr sonstiges Geschäft ganz normal weiterbetrieben hatten, fehlten plötzlich riesige Summen in ihren Kassen. Die europäischen Banken, besonders in Island, Irland und auch einige in Deutschland, konnten an den Börsen nicht so schnell und so viel Geld leihen, wie sie jetzt plötzlich brauchten.

Auch die Zweckgesellschaften, die diese Zertifikate herausgegeben hatten, saßen auf den Papieren und Forderungen ihrer Kunden. Sie mussten ebenfalls Garantien ihrer Mutterbanken, den **Hypothekenbanken** in den USA, in Anspruch nehmen.

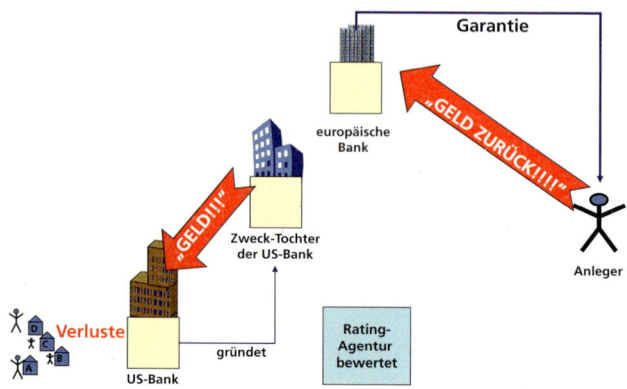

Wenn eine Bank hohe Verluste macht, verliert sie schnell das Vertrauen anderer Banken.

> Hannas Apfelbrief ist im Dezember wertlos geworden. Es sind nur noch wenige unansehnliche Äpfel übrig.

Die vorher als so „ertragssicher" zum Kauf angepriesenen Zertifikate und Dokumente wurden plötzlich als „giftig" bezeichnet.

Niemand wusste wirklich, welche andere Bank wie viele dieser „giftigen" „Wert"-Papiere selbst gekauft hatte, um damit zu handeln und nun darauf sitzen geblieben war. Oder für wie viele Garantien diese Bank aufzukommen hatte.

Das gesamte Ausmaß der **Subprime**-Krise war zunächst nicht erkennbar.

Plötzlich wollte kaum noch eine Bank auf der Welt einer anderen einen Kredit geben. Denn wenn eine Bank vielleicht viele „giftige" Papiere hatte, die nun wertlos waren, dann könnte jene Bank den Kredit vielleicht nicht mehr zurückzahlen.

Kredite zwischen Banken sind aber eigentlich etwas völlig normales im Geschäftsalltag – und für die Wahrung der Zahlungsfähigkeit einer Bank auch sehr wichtig.

Nun aber hielten sich die meisten Banken sehr zurück und liehen nur noch denjenigen Banken Geld, die sie wirklich gut kannten und denen sie noch vertrauten. Oder sie legten ihr Geld lieber auf ihr Konto bei der **Zentralbank** (für das es dort keine oder kaum Zinsen gibt).

> Geschäfte mit überschaubarem Risiko können spannend sein. Allzu riskante Geschäfte gefährden jedoch das Vertrauen von Kapitalgebern.

All das führte dazu, dass im September 2008 die erste große Bank in den USA, Lehman Brothers, **zahlungsunfähig** wurde. Der Staat USA unternahm jedoch nichts zur Rettung von Lehman Brothers. Das entspricht der Einstellung der Mehrheit der US-Bürger: Ihrer Ansicht nach soll sich der Staat aus der Wirtschaft heraushalten. Wer Lehman Brothers Geld geliehen hatte, bekam dies mit großer Sicherheit nun nicht mehr zurück. Das galt für private Anleger, aber auch für andere Banken.

Im Kapitel „Ist Wirtschaften gerecht?" ist mehr darüber zu lesen, welche Überzeugungen hinter so einer Ansicht stehen.

Sofort brach der Geldhandel unter den Banken auf der ganzen Welt völlig zusammen.

Als Folge davon glaubten viele Menschen, dass sich eine schwere Wirtschaftskrise anbahne. Sie wurden vorsichtig und kauften schlagartig weniger teure Waren.

Da viele Menschen gleichzeitig so handelten, brach der Automarkt in den USA zusammen.
Davon waren u. a. Autohersteller in der ganzen Welt betroffen, besonders in Deutschland.

Auch dies sind Folgen der Globalisierung.

Der Weg aus der Krise zur Lösung

Die meisten Staaten und Zentralbanken handelten schnell und taten alles, was möglich ist, um den Schaden zu begrenzen und eine schwere Rezession zu verhindern.

Warum das wichtig ist, steht im Kapitel über die Konjunktur.

- Es wurden Anreize geschaffen, um Menschen und Unternehmen zum Kaufen und Investieren anzuregen.

- Die Zentralbanken senkten die Leitzinsen und ließen Banken billige Kredite zukommen.

- Weil Banken eine sehr wichtige Rolle beim Wirtschaften spielen, half ihnen der **Staat**, in dessen Land sie gegründet worden waren. Mehrere Staaten gaben den betroffenen Banken ihres Landes sehr viel neues **Eigenkapital**. Dadurch wurden die Staaten Miteigentümer dieser Banken.

Banken organisieren den Zahlungsverkehr und versorgen die Wirtschaft mit Krediten und Anlagemöglichkeiten.

Nun wurden Banken ebenso vorsichtig bei Schuldverschreibungen, die Staaten an den Kapitalmärkten verkaufen wollten. Einige Staaten, wie zum Beispiel Griechenland und Irland, waren ohnehin schon hoch verschuldet. Und nun kamen noch die Kredite für die Unterstützung der Banken ihres Landes hinzu.

Plötzlich waren Banken der Ansicht, dass die Summe aller Kredite, die ein Staat aufgenommen hat, die **Staatsverschuldung**, dieser beiden Länder *zu* hoch sei.

Als Griechenland versuchte, neue Kredite aufzunehmen, wollten Banken diese entweder überhaupt nicht mehr gewähren oder nur noch gegen extrem hohe Kreditzinsen (der Kreditzins, den die Bank fordert, spiegelt ja das Risiko wieder, das mit einem Kredit verbunden ist).

Auch die USA unterstützten schließlich Banken mit Geld, allerdings erst, nachdem die **Insolvenz** von Lehman Brothers ihre verheerende Wirkung schon gehabt hatte.

Außerdem haben Staaten es er- möglicht, dass Banken sogenann- te „**Bad Banks**" (auf Deutsch: „Schlechte Banken") gründen dürfen. In diese Bad Banks können Banken all diejenigen Kredite und „giftigen" Wert- papiere verlagern, die sie in die Krise gezogen haben.

Wenn z. B. Timos Eltern ihm sein Jo-Papier zu dem Preis abnehmen, den er dafür bezahlt hat, wären sie so etwas wie seine Bad Bank. Timo hätte keinen Verlust mehr zu verkraften, und die Eltern würden vielleicht versuchen, das Papier an Jos Eltern zurückzuverkaufen, sobald diese wieder Geld hätten.

Der Vorteil für die Banken ist, dass ihre Buchfüh- rung dadurch nicht mehr belastet wird und sie in ein paar Jahren wieder mit normalen Geschäften gesund werden können.

Dabei lösen sich die „giftigen" Papiere natürlich nicht in Luft auf. Da die Bank selbst nicht mehr aus- reichend Kapital hat, um für den Schaden zu haften, übernehmen andere die Haftung. Das kann eine Gruppe von Banken sein, die für Notfälle gemein- sam einen speziellen Geldbetrag angelegt haben (das nennt man **Einlagensicherungsfond**), und wenn dieses Geld nicht reicht, kann der Staat aushelfen und die Haftung für den angerichteten Schaden bzw. dessen Wiedergutmachung übernehmen. So ist das auch in Deutschland geschehen. Und damit sind alle Staatsbürger mit den von ihnen gezahlten Steuern an der Schadensbehebung beteiligt.

Was kann man aus der Finanzkrise für die Zukunft lernen?

Am gefährlichsten für alle Unternehmen, Banken und Privatpersonen, die mit Kapital weiteres Geld verdienen wollen, ist die Gier.

> Hohe Zinsen und hohe Gewinnchancen, die weit über dem liegen, was auf dem Markt üblich ist, sind immer ein Hinweis auf ein sehr hohes **Risiko** einer Kapitalanlage.
>
> Überhöhte Zinsen und Gewinnchancen sind eine Belohnung dafür, dass man den Verlust des Kapitals riskiert.

Um in Zukunft eine solche Krise möglichst vermeiden zu können, hat die Staatengemeinschaft der Erde einiges vereinbart, zum Beispiel:

- Es wurde festgelegt, wie derart komplizierte Zertifikate durch die Bankenaufsicht besser kontrolliert werden können,

- Lücken in der **Bankenaufsicht** wurden geschlossen,

- Die **Rating-Agenturen**, deren allzu positives Urteil über die strukturierten Papiere wesentlich zur Krise beitrug, sollen stärker überwacht werden.

Fachleute schätzen, dass durch die Finanzkrise ab 2007 *weltweit* Werte weit im dreistelligen Milliarden-US-Dollar-Bereich (100 Milliarden ist eine Zahl mit 12 Stellen, wovon 11 Stellen eine Null sind!) verloren gingen.

Auch wenn man den Betrag in die Währung Euro umrechnet, wurde durch die Finanzkrise ein Vermögen von sehr vielen *Milliarden* Euro *vernichtet* (Der Euro war 2012 etwa ein Viertel mehr wert als der Dollar. Fünf Jahre danach, also Ende April 2017, sind Dollar und Euro ungefähr gleich viel wert).

Denjenigen, die ein Gefühl dafür bekommen möchten, wie viel Geld das ist, kann das folgende Beispiel helfen:

Selma hat ein recht gutes **Netto-Arbeitsentgelt**. Ihr Arbeitgeber, die Kleiderwerke, überweisen ihr jeden Monat 3.000 Euro.

Dies war nicht die erste schwere Krise. Ab 1929 gab es die Weltwirtschaftskrise, die ebenfalls in den USA begann und mehrere Jahre andauerte.

Die Ursache war damals:

Privatpersonen hatten über Jahre hinweg zu viele und zu hohe Kredite aufgenommen und damit Aktien gekauft.

Eine Weile war damit gut Geld zu verdienen gewesen.

Als aber am „Schwarzen Freitag", dem 25.10.1929, in den USA die Aktienkurse auf einen Schlag dramatisch absanken, waren in vielen Staaten sehr viele Menschen, Unternehmen und Banken plötzlich ruiniert.

Das macht in einem Jahr 3.000 Euro × 12 = 36.000 Euro.

Davon muss sie ihre Familie ernähren, alle Freizeitvergnügen, Kleidung und alles andere bezahlen, was die Familie sonst noch braucht. Das meiste, was sie nebenbei noch sparen kann, gibt sie aus, um mit ihrer Familie in Urlaub fahren zu können.

Um *eine Million* Euro Nettoeinkommen verdienen zu können, müsste Selma fast 28 Jahre arbeiten:

$$\frac{1.000.000 \text{ Euro}}{36.000 \text{ Euro pro Jahr}} = \frac{1.000}{36} = 27,8 \text{ Jahre}$$

Für *eine Milliarde* Euro, also 1.000 Millionen, müsste sie demnach tausendmal so lange arbeiten …

5

Die Zukunft gestalten: Gerechtigkeit und Wirtschaftspolitik

Wir haben bereits am Anfang des Buches erfahren, dass Menschen in Staaten zusammenleben und sich dafür organisieren müssen. Die Einwohner eines demokratischen Staates wählen Politiker, die für den Staat handeln sollen.

Nicht alle Einwohner finden jedoch dieselben Ideen gut und richtig, die einzelne Politiker haben. Der Wettstreit der Ideen und dem daraus entstehenden Handeln wirkt sich auf die Wirtschaft aus und vor allem auch auf die Regeln, die dafür aufgestellt werden.

Um uns diesem Thema anzunähern, schauen wir uns zunächst an, wie sich solche Ideen zusammenfassen lassen.

Ist Wirtschaften gerecht – und wie wird das ermittelt?

Wir haben nun schon gesehen, wie bei unserem Wirtschaften Arbeitsentgelte vereinbart werden, Waren gehandelt werden und Menschen mit dem Geld, das sie besitzen, weiteres Geld verdienen können. Dabei hat sich manchem Leser vielleicht die Frage gestellt, ob das alles eigentlich immer fair und gerecht ist.

Um darauf Antworten zu finden, schauen wir uns das folgende Beispiel an.

Nehmen wir einmal an, Angelika, Hillary, Vladimir und Carlos spielen gemeinsam. Sie merken, dass sie alle vier hungrig sind und beschließen, dass sie sich Äpfel kaufen wollen. Sie wissen, dass sie für 2 Euro genügend Äpfel kaufen können, damit jeder von ihnen satt wird.

Jeder soll also 50 Cent geben. Vladimirs Eltern jedoch sind arm, und er hat nur noch 30 Cent. Hillarys Eltern sind reich und weil sie Vladimir sehr mag, schenkt sie ihm die 20 Cent, die ihm noch fehlen.

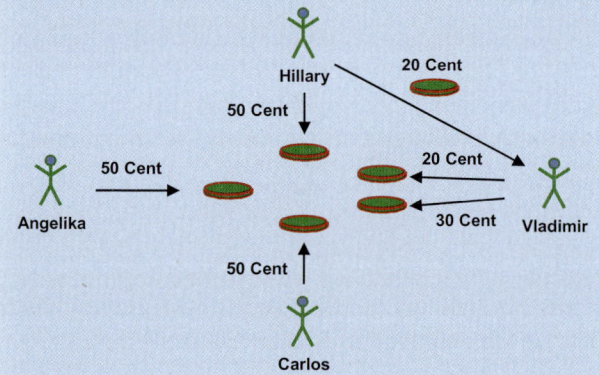

Angelika läuft zum nächsten Markt und kommt mit vier Äpfeln zurück. Drei Äpfel sind genau gleich groß, aber einer ist deutlich größer als die anderen Äpfel.

Was nun?

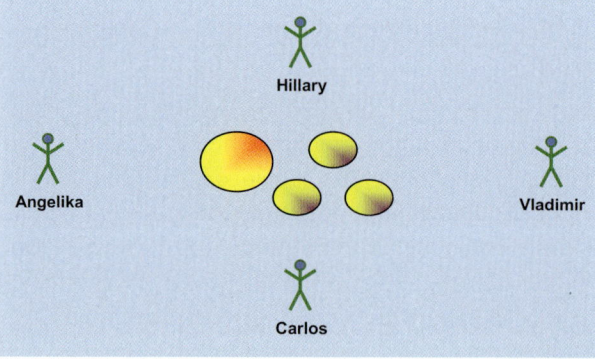

Hillary sagt:

„Eigentlich habe ich ja 70 Cent gezahlt, also mehr als jeder von Euch anderen. Der größte Apfel geht also an mich!"

Hillary

Vladimir meint:

„Ich bin froh, dass Du mir etwas Geld geschenkt hast. Aber ich habe so selten überhaupt einen Apfel. Jetzt kann ich mich endlich mal richtig satt essen. Den größten Apfel müsste also ich bekommen."

Vladimir

Carlos ist anderer Ansicht:

„Das ist doch alles völlig egal! Es ist doch völlig normal, dass jeder von uns sein Bestes tut, damit es alle von uns gut haben. Ich will ja auch nichts dafür haben, dass wir zum Teilen der Äpfel mein Messer benutzen. Es ist ja nur zufällig meines. Wir sind vier Menschen und haben alle den gleichen Hunger. Es ist schon schlimm genug, dass wir Lebensmittel überhaupt bezahlen müssen und sie nicht für alle frei zu haben sind. Wir teilen alle Äpfel in vier gleich große Teile, dann bekommt jeder genau gleichviel und wir werden alle im gleichen Maße satt!"

Angelika denkt nach und sagt schließlich:

„Irgendwie habt ihr alle drei Recht. Hillary war wirklich nett, und hat Vladimir Geld geschenkt. Ich finde es auch richtig gut, dass sie von ihrem vielen Geld etwas abgibt, um dem Ärmeren zu helfen. Und Vladimir hat ja mit einem von den gleich großen Äpfeln schon viel mehr als er sich selbst hätte kaufen können. Auch Carlos hat irgendwie Recht. Eigentlich müsste ja wirklich ich mehr bekommen, weil ich am meisten geleistet habe: Ich bin zum Markt gelaufen, während ihr weiter gespielt habt. Ich schlage vor, dass wir den größten Apfel und einen von den anderen gleich großen Äpfeln halbieren. Hillary und ich erhalten von jedem dieser geteilten Äpfel jeweils eine Hälfte. Dann haben wir beide jeweils etwas mehr als ihr anderen, aber wir haben ja schließlich auch mehr getan."

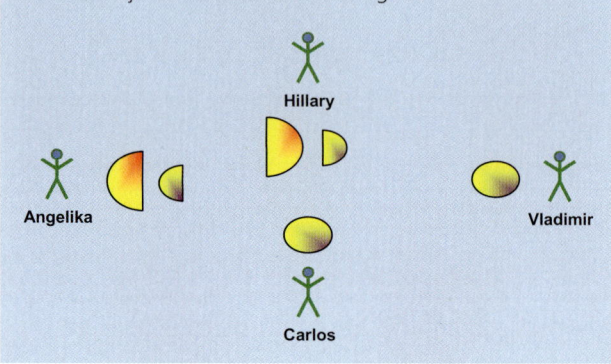

Wir verlassen die vier Freunde jetzt und widmen uns wieder unserem Thema: Ist Wirtschaften gerecht?

Volkswirte würden das, was wir eben bei unseren vier Freunden beobachtet haben, so beschreiben:

> Das Bedürfnis entspricht dem Hunger.

> Vladimir erhielt von Hillary 20 Cent.

> Mit „geltenden Regeln" ist gemeint, dass sich die vier irgendwie einigen werden.

Das **Bedürfnis** nach Essen wurde durch das vorhandene Geld abgedeckt. Das wird zu den am Markt geforderten **Preisen** durch das Angebot an Äpfeln gedeckt. Die Nachfrage war allerdings zum Teil durch ein **Geldgeschenk** finanziert. Die gekauften Güter werden nach den geltenden Regeln auf die Nachfrager verteilt.

Volkswirte sehen die Tatsache, dass Güter verteilt werden müssen, und *beschreiben* diesen Vorgang. Volkswirte sagen jedoch nicht, *wie* eine solche Verteilung auf *gerechte* Art passiert.

Um sagen zu können, ob etwas gerecht ist, muss jeder Mensch für sich selbst erst einmal eine Vorstellung davon haben, was er selbst als gerecht ansieht: Zum Beispiel wie Carlos, der meint, dass alle gleich viel bekommen sollten. Das empfindet er als gerecht.

Wenn viele Menschen dasselbe meinen, und diese Meinung für alle Aufgabenbereiche eines Staates, also nicht nur für die Wirtschaft, weiterdenken und in allen Einzelheiten beschreiben, nennt man diese Meinung eine politische **Ideologie.** Menschen, die dieselbe politische Ideologie gut finden, sind oftmals Anhänger derselben politischen Partei.

Und genau an diesem Punkt liegt die Schnittstelle zwischen der Wirtschaft und der Politik.

Über **Politik** haben wir bereits im Kapitel über den Staat viel erfahren. Weil es sehr wichtig ist für unser jetziges Thema, wiederholen wir diese Punkte hier noch einmal.

Politik ist all das, was Menschen tun, um ihr Zusammenleben in ihrem Staat zu regeln.
Politiker gehören jeweils einer politischen Partei an. Alle erwachsenen Menschen dieses Staates wählen Parteien und damit Politiker, die dann Regeln für das Zusammenleben und das Wirtschaften aufstellen und auch für die Einhaltung der Regeln sorgen sollen. Einige der gewählten Politiker bilden die Regierung dieses Staates. Der Einfachheit wegen sagt man auch, dass „der **Staat** handelt", wenn Politiker Regeln festlegen.

> Mehr zum Thema Staat und Politik steht im Abschnitt: Ein kleiner Ausflug zum Begriff „Staat".

Wichtig für unser Thema ist, dass diese Regeln immer so gemacht werden, dass die Menschen gemäß derjenigen politischen Ideologie leben können, die die Mehrheit der Menschen dieses Staates bei der Wahl gewählt hat.

Schauen wir uns nun noch einmal an, was unsere vier Freunde gesagt haben:

Hillary meint, sie hat am meisten Geld eingesetzt, also muss sie auch am meisten bekommen. Wir erinnern uns, dass die Volkswirte Geld auch als **Kapital** bezeichnen.

Die Ideologie, die zu Hillarys Worten passt, nennt man daher auch **Kapitalismus**. Derjenige, der das Kapital hat, bestimmt, was passieren soll. Weil in einem Staat, der gemäß der kapitalistischen Ideologie wirtschaftet, alles von Angebot und Nachfrage auf dem *Markt* bestimmt wird, nennt man eine solche Wirtschaftsform reine oder auch **freie Marktwirtschaft.**

Die entgegengesetzte Ideologie ist der **Kommunismus**. Alle Menschen sind gleich, es gibt keinen Privatbesitz mehr, alles gehört allen. Hierzu passt die Meinung von Carlos.

Im **Sozialismus** gibt es noch arme und reiche Menschen, doch das soll sich im Laufe der Zeit ausgleichen. Sozialismus kann als Form des Zusammenlebens von Menschen dauerhaft angestrebt werden, oder als eine Vorstufe auf der Entwicklung hin zum Kommunismus gesehen werden. Hier findet sich Vladimir mit seinen Gedanken wahrscheinlich am ehesten wieder.

Im Kommunismus und auch im Sozialismus wird der Staat ganz oder immer mehr bestimmen, was hergestellt wird und zu welchen Preisen es verkauft wird. Privatpersonen und Unternehmen können in Sachen Wirtschaft gar nicht mehr oder nur noch ganz wenig selber entscheiden. Der Staat muss deshalb sehr stark planen, was wann wo wie hergestellt wird. Daher nennt man diese Form des Wirtschaftens auch **Planwirtschaft.**

Was Angelika sagt, passt zu dem Weg, den man in *Deutschland* nach dem zweiten Weltkrieg gegangen ist.

Im Vordergrund steht, dass sich Leistung lohnen soll. Wer viel leistet, soll sich auch viel gönnen können. Das sind Gedanken aus dem Kapitalismus. Allerdings sieht man auch die Vorteile des Sozialismus. Der Unterschied zwischen Armen und Reichen soll gemildert werden, um zu vermeiden, dass manche Menschen sehr arm sind oder immer ärmer werden.

> Genauer gesagt, galt dies für die Bundesrepublik Deutschland, die zu den Ländern des Westens gehörte. Diese Ländergruppe wurde von den USA angeführt und war überwiegend kapitalistisch ausgerichtet.
>
> Nach dem 2. Weltkrieg war Deutschland geteilt. Der östliche Teil war die Deutsche Demokratische Republik und gehörte zum sogenannten Ostblock, den die UdSSR anführte. Hier galt die Ideologie des Sozialismus und man wirtschaftete gemäß den Regeln der Planwirtschaft.

Die Wirtschaftsform, die diese Ideen miteinander verbindet, wurde von ihren Erfindern **Soziale Marktwirtschaft** genannt. Als Erfinder der Sozialen Marktwirtschaft gilt Ludwig Erhardt. Er war ab 1948 zunächst Wirtschaftsminister, später dann Bundeskanzler.

Es geht bei diesen Ideologien also im Grunde um die Frage, wie die **Produktionsfaktoren** Arbeit, Kapital und Boden zwischen den Menschen verteilt sein sollen.

- Sollen sie allen gleichermaßen gehören, es also eigentlich kein Eigentum geben?

- Soll derjenige, der viel arbeitet oder viel mit seinem Geld leistet, auch viel besitzen und alles bestimmen dürfen? Auch wenn das bedeutet, dass andere Menschen Pech haben können und sehr arm sind, weil sie z. B. wegen Krankheit nicht arbeiten können?

Wenn wir die Begriffe, die wir eben kennengelernt haben, ein wenig ordnen, sieht das Ergebnis so aus:

Es gibt unterschiedliche Formen, wie die Wirtschaft in einem Staat grundsätzlich organisiert sein kann:

- **freie Marktwirtschaft**

- **Planwirtschaft**

Und es gibt politische Ideologien, die hinter diesen unterschiedlichen Organisationsformen stehen:

- **Kapitalismus**

- **Soziale Marktwirtschaft**

- **Sozialismus**

- **Kommunismus**

Jede dieser Organisationsformen des Wirtschaftens nennt man allgemein auch eine „**Wirtschaftsordnung**".

Zunächst einmal handeln beim Wirtschaften die Privatpersonen und die Unternehmen. Aber auch der Staat selbst greift ein, damit die Ideologie, die in diesem Staat hinter der Wirtschaft steht, vorangebracht wird.

Was ist Wirtschaftspolitik?

Wir haben eben gesehen, dass es viele verschiedene politische Ideologien gibt. In einer Demokratie wie der bei uns geltenden werden diese politischen Ideologien durch verschiedene Parteien vertreten und durch die Menschen, die in diesen Parteien als Politiker aktiv sind. Die Bevölkerung in Deutschland wählt für einige Jahre diejenigen Politiker, die das Land regieren sollen. Wer die meisten Stimmen bekommt, ist beauftragt und übernimmt die Verantwortung für den Staat und damit auch für die Steuerung des Wirtschaftens in Deutschland.

> Die Summe aller Maßnahmen, mit denen der Staat das Geschehen auf den Märkten beeinflusst, nennt man **Wirtschaftspolitik**.

Wirtschaftspolitik betrifft alle drei Märkte:

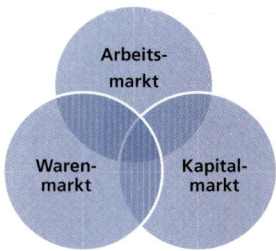

(Warenmarkt steht hier für alle Waren, Rohstoffe und Dienstleistungen, die ge- und verkauft werden)

Das Beispiel zu diesem Kapitel führt uns in Mehmeds Fußballverein.

Zum Ende der Fußballsaison hat der Trainer die Jungs und Mädchen seiner Mannschaft in die Eisdiele eingeladen. Seit letzter Woche haben sie für dieses Treffen viel Diskussionsstoff.

Dem Verein geht es finanziell gar nicht gut und der Vorstand hat zu einer Sonder-Mitgliederversammlung eingeladen. Bis dahin sollen sich alle überlegt haben, was sie zur Verbesserung der Lage beitragen können. Und sie haben ein eigenes handfestes Problem: Aus ihrer Mannschaft sind zudem viele Spieler in andere Vereine abgewandert und nur die verbliebenen Spieler und Spielerinnen sind in die Eisdiele gekommen. Es ist fraglich, ob sie nach den Ferien überhaupt noch eine komplette Mannschaft zusammenbekommen werden.

Timo hat als erster einen Vorschlag: „Das mit dem Kaffee- und Kuchenverkauf bei Heimspielen kann sich der Verein wirklich sparen. Neulich war es so heiß, dass keiner die fetten Sahnetorten essen wollte. Der Freund meiner großen Schwester hilft in der Bäckerei aus. Er sagt, der Verein hat am Anfang der Saison eine Dauer-Bestellung aufgegeben. Zu jedem Heimspiel soll dasselbe geliefert werden. Egal wie das Wetter ist. Das sind sicher riesige Verluste, wenn kaum was verkauft wird!"

„Und wer soll das dann machen? Kaffee geht doch immer weg und bringt Kohle?", meint Inga.

„Na, unsere Eltern können das selbst übernehmen. Irgendwer kann bestimmt backen, und eine Kaffeemaschine kann man auch organisieren. Und die können flexibel aufs Wetter reagieren!" findet Mehmed.

„Und es muss auch nicht eine Gärtnerei den Rasenplatz mähen", meint Johannes. „Das können doch wir aus den älteren Mannschaften übernehmen."

„Wie soll das denn gehen? Meine Eltern können mich nicht noch an einem weiteren Nachmittag zum Verein fahren. Ich müsste den Bus nehmen – und ich trage die Zeitungen nicht zum Spaß aus. Ich brauche das Geld…", meint Jan nachdenklich. „Ich müsste mindestens das Fahrgeld vom Verein bekommen. Dann geht das vielleicht."

Johannes nickt: „Können wir vorschlagen. Dürfte immer noch billiger als eine Gärtnerei sein."

Inga hat ebenfalls einen Vorschlag: „In der Vereinsverwaltung arbeiten vier Leute, glaube ich. Vollzeit. Jetzt in den Ferien ist doch kein Spielbetrieb. Da könnten die doch mal für weniger Geld Urlaub machen. Oder für Null."

Sabine findet das gar nicht gut: „Das kann sich mancher von denen sicherlich genauso wenig erlauben wie Jan das zusätzliche Fahrgeld. Aber vielleicht können sie nur halbe Zeit arbeiten. Oder ihren Urlaub vorziehen, bis die neue Saison beginnt."

„Das bringt nicht viel. Der Verein muss dann trotzdem den vollen Lohn zahlen. So was hat mein Vater in seinem Betrieb im letzten Jahr schon durchgemacht", weiß Timo.

„Angelika, du hattest doch vorhin auf der Fahrt eine Idee, wie mehr Geld hereinkommen könnte?", fragt Mehmed.

„Wir haben doch so viele Mitglieder, die nicht mehr aktiv Sport machen und nur noch Beiträge bezahlen. Diejenigen, die viel Geld haben, könnten doch alle ihre Familienmitglieder im Verein anmelden. Dann haben wir mehr Beiträge, und für mehr Mitglieder spendiert der Verband vielleicht auch höhere Zuschüsse."

„Prima Idee – wir könnten doch gleich alle Beiträge erhöhen", ergänzt Johannes schnell. Dann sieht er Jan erschreckt die Augen verdrehen. „Na ja, oder auch nicht alle."

„Na klasse – und neue Spieler kommen dann so richtig begeistert, wie?" Ingas Unterton klingt schon ziemlich heftig.

„Wieso?" Mehmed hat einen Gedankenblitz. „Die brauchen im ersten Jahr überhaupt keine Beiträge zu zahlen. Und die Trikots gibt es auch kostenlos. Die müssen nur immer zum Training kommen und möglichst gut spielen. Durch die höheren Beiträge der anderen hat der Verein trotzdem noch mehr Einnahmen."

Jetzt meldet sich auch der Trainer zu Wort: „Und ich hab' mir gerade vorgenommen, mal mit dem Trainer von den Anfängern zu reden. Ich hab neulich gesehen, dass dort mehrere Geschwister aus einer Familie meiner Nachbarschaft mittrainieren. Aber nur ein Kind aus der Familie ist im Verein angemeldet. Das hat mir deren Vater erzählt. So kann das natürlich nicht weitergehen."

Lassen wir das Fußballteam nun das wohlverdiente Eis essen.

Wie beeinflusst der Staat das Wirtschaften?

Manche Verhaltensweisen von Unternehmen und Menschen sind in unserer Wirtschaftsordnung, der **Sozialen Marktwirtschaft**, nicht erwünscht. Der Staat hat Regeln aufgestellt, an die sich Privatleute, Unternehmen und auch der Staat selbst halten müssen.

> Für das Training und das Spiel selbst gibt es feste Regeln.

> In unserem Beispiel will der Verein Maßnahmen ergreifen, um die Lage zu verbessern.

Einige dieser Regeln haben wir schon kennengelernt:

- Der Staat kann Anreize schaffen, um in einer Abschwungphase Aufträge an Unternehmen zu geben und so Arbeit zu sichern.

- Es gibt **Tarifverträge** und es gibt Regeln für Streiks.

- **Verbraucherschutz** ist wichtig, Unternehmen müssen sich also an entsprechende Regeln halten.

- Unternehmen müssen sich im **Wettbewerb** miteinander befinden. Monopole sind ebenso wenig erlaubt wie Kartelle. Das wird durch das Kartellamt kontrolliert.

> Auch bei einem Fußballspiel darf man das Ergebnis nicht vorher absprechen.

- Auch Banken müssen Regeln der **Bankenaufsicht** einhalten, damit Investoren und Sparer geschützt werden.

Diese Maßnahmen und Regeln der Wirtschaftspolitik wirken auf folgende Märkte:

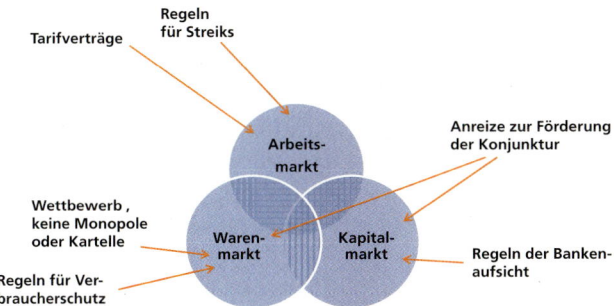

Es gibt noch viele andere Regelungen und Maßnahmen, durch die der Staat Einfluss nehmen kann auf das Wirtschaften, also Wirtschaftspolitik betreiben kann. Einige davon schauen wir uns jetzt näher an.

Auf den Arbeitsmarkt wirkt der Staat auch durch sogenannte **Mindestlöhne** ein. Der Staat fordert dann per Gesetz, dass von den Unternehmen der betroffenen Branche ein bestimmter Lohn für die Arbeit mindestens gezahlt werden muss. Für Menschen, die z. B. keinen guten Schulabschluss haben oder keinen Beruf gelernt haben, bleiben nur wenige Beschäftigungsmöglichkeiten in Tätigkeiten, die lediglich ein Anlernen erfordern, um die Aufgabe erfüllen zu können. Diese Menschen werden durch den Mindestlohn vor Ausbeutung geschützt. Ausbeutung bedeutet, dass jemand fast ohne Rechte wie ein Sklave arbeitet und z. B. für eine körperlich schwere oder sehr gefährliche Arbeit so wenig Lohn bekommt, dass er davon allein kaum überleben kann.

> In unserem Beispiel will Jan für die Sonderarbeit im Verein *mindestens* so viel bekommen, wie ihn die Busfahrt zu dieser Sonderarbeit kostet.

Auf den Arbeitsmarkt wirkt auch eine andere Regelung: die der **Kurzarbeit**. Schauen wir uns die Bedeutung dieser Maßnahme für die Wirtschaft insgesamt an.

> Mehr zur Kurzarbeit steht im Kapitel über die Konjunktur.

Wenn ein Unternehmen Mitarbeiter entlassen müsste, um nicht **zahlungsunfähig** zu werden, würde es viele wichtige Fachleute verlieren, und viele Menschen wären plötzlich arbeitslos.

Wenn das in einer ganzen Branche so ist, hat das auch für die Wirtschaft insgesamt schlimme Auswirkungen: Wer arbeitslos ist, kann weniger kaufen, auch andere Unternehmen machen dadurch weniger Gewinne usw. Und es kann lange dauern, bis die Arbeitslosen einen neuen Arbeitsplatz gefunden haben. Außerdem zahlen Arbeitslose nur noch einen ganz geringen Beitrag zu den **gesetzlichen Sozialversicherungen**, wodurch auch diese viel weniger Einnahmen haben, während die Ausgaben gleich bleiben (auch Arbeitslose werden krank und nehmen Leistungen der Krankenversicherung in Anspruch).

> Die Mitarbeiter der Verwaltung des Vereins sind fest angestellt und der Verein muss das vereinbarte Gehalt zahlen – außer der Verein meldet Kurzarbeit an. Der Verein muss sich an die Spielregeln halten.
>
> Mitarbeiter sind so vor der Willkür von Arbeitgebern geschützt.

Um das zu verhindern, kann ein Unternehmen in einer schwierigen Situation **Kurzarbeit** anmelden. Dann zahlt eine Behörde des Staates, die Agentur für Arbeit, für eine begrenzte Anzahl von Wochen einen Teil des Arbeitsentgelts der Mitarbeiter dieses Unternehmens. Das Unternehmen ist entlastet, die Mitarbeiter haben zwar insgesamt etwas weniger Einkommen als normal, behalten jedoch ihren Arbeitsplatz.

Eine andere Möglichkeit der Wirtschaftspolitik ist das Verkaufen von Staatsbetrieben, auch **Privatisierung** genannt.

Früher war es üblich, dass die Herstellung von Strom, das Wegbringen des Mülls, der Aufbau und das Betreiben von Eisenbahnverkehr, und auch Dienstleistungen wie die des Telefonanbieters oder der Postzustellung von Unternehmen geleistet wurden, die dem Staat gehörten. In den letzten Jahrzehnten hat der Staat diese Staatsunternehmen nach und nach in Aktiengesellschaften umgewandelt und diese Aktien an der Börse verkauft. Dadurch sollte der Wettbewerb auch in diesen Bereichen der Wirtschaft gefördert werden (und außerdem bekommt der Staat durch diesen Verkauf viel Geld in seine Kassen). Ob die Regierung eines Staates Staatsbetriebe privatisiert oder nicht, hängt im Wesentlichen von der politischen **Ideologie** ab, die die Politiker der Regierungspartei(en) vertreten.

> Das kann man damit vergleichen, dass nicht mehr der Verein den Kuchenverkauf zentral organisiert.
>
> Die Eltern übernehmen das in Eigenregie.

Anhänger des Kapitalismus werden eher als Sozialisten wollen, dass der Staat sich völlig aus der Wirtschaft heraushält und keine Betriebe besitzt.

In unserer Wirtschaftsordnung, der **Sozialen Marktwirtschaft**, gibt es übrigens auch ein klein wenig **Planwirtschaft**: nämlich bei der Landwirtschaft. Damit die Preise für einige Nahrungsmittel, zum Beispiel Milch, für alle Menschen bezahlbar sind, erhalten Landwirte Zuschüsse pro Liter Milch. Die Milch müssen sie zu dem vorgegebenen niedrigen Preis verkaufen. Dank dieser Zuschüsse können die Landwirte trotz der auferlegten niedrigen Verkaufspreise in ihren Landwirtschaftsbetrieben Gewinne erwirtschaften. Solche Zuschüsse, die direkt an Unternehmen gezahlt werden, nennen die Wirtschaftsfachleute **Subventionen**. Der Staat kann zum Beispiel auch Zuschüsse zahlen, damit sich Unternehmen in ganz bestimmten Gegenden des Landes ansiedeln, in denen es zuvor nur wenige Arbeitsplätze

> Im Verein brauchen neu hinzugekommene Spieler im ersten Jahr keine Mitgliedsbeiträge mehr zu bezahlen. Und der Verein stellt ihnen die Trikots kostenlos zur Verfügung.
>
> Das sind Anreize, in den Verein zu kommen.

gab. In Deutschland wurde die Förderung von Steinkohle über viele Jahre hinweg subventioniert. Die Förderung der Steinkohle war nicht mehr gewinnbringend, weil die Nachfrage stark gesunken war. Die Bergleute erhielten jedoch weiterhin ihre Arbeitslöhne wie zuvor. Der Staat wollte aus verschiedenen Gründen diese Bergwerke erhalten (z. B. Arbeitsplätze in den Bergbaugebieten sichern, inländische Energiequellen nutzbar erhalten). Deswegen bekamen die Bergwerksunternehmen Subventionen zum Ausgleich der Verluste.

Manchmal ist es wichtig, dass der Staat bewusst gerade dann Aufträge an Unternehmen vergibt, wenn Unternehmen einer Branche sonst nur wenig Arbeit hätten. Dann kann zum Beispiel die Erneuerung von Straßen in Städten oder der Ausbau von Autobahnen dabei helfen, Arbeitsplätze zu erhalten.

Natürlich beeinflusst auch die Zentralbank den Kapitalmarkt, indem sie den Leitzins vorgibt und mal mehr oder weniger Kredite an Banken vergibt.

Die Zentralbank handelt jedoch unabhängig von der Wirtschaftspolitik des Staates.

Der Staat, also die Politiker, und die Zentralbank reden natürlich miteinander. Sie sollten sich auch abstimmen, um gemeinsam das zu tun, was insgesamt am besten auf die Wirtschaft Einfluss nimmt.

Aber die Zentralbank ist dennoch nicht an irgendwelche Vorgaben des Staates gebunden.

Wenn der Staat am Kapitalmarkt Kredite aufnimmt, um solche Aufträge bezahlen zu können, und zum Beispiel **Schuldverschreibungen** an der Börse verkauft, beeinflusst er dadurch vielleicht auch die *Zinsen*. Wenn die Nachfrage nach Geld steigt, kann sich auch der Preis dafür, der Zins, erhöhen.

Unsere Übersicht der wirtschaftspolitischen Maßnahmen sieht nun schon etwas voller aus.

Die Pfeile zeigen, welcher der Märkte direkt beeinflusst wird. Subventionen können indirekt natürlich auch den Arbeitsmarkt beeinflussen: Wenn Landwirte gefördert werden, bleiben ihre Arbeitsplätze und die ihrer Mitarbeiter erhalten. Diese indirekten Wirkungen sind hier weggelassen worden, damit die Grafik übersichtlich bleibt.

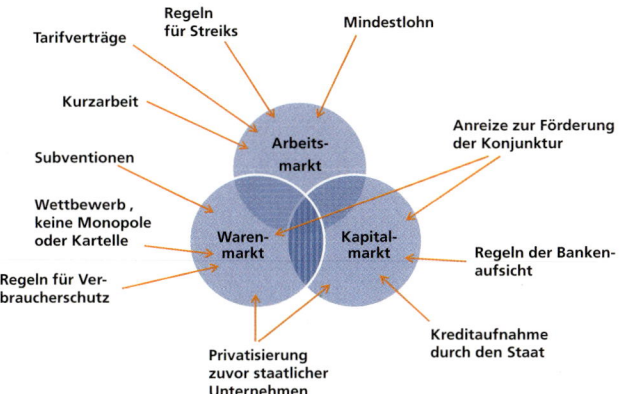

Auch über die Höhe der **Steuern** nimmt der Staat Einfluss auf die Wirtschaft.

Alles, was der Staat bezahlen muss, sollte er normalerweise aus eingenommenen Steuergeldern bezahlen können. Wichtige Steuern in Deutschland sind:

- die Steuern, die die Unternehmen bezahlen,

- die Steuer auf das **Arbeitsentgelt** der Menschen (diese Steuer wird Lohnsteuer genannt, wenn das Arbeitsentgelt unterhalb einer festgelegten Betragsgrenze bleibt. Übersteigt das Arbeitsentgelt diese Grenze, wird diese Steuer Einkommenssteuer genannt.)

> Die Festlegung der Steuern kann man mit der Gestaltung der Mitgliedsbeiträge vergleichen.
>
> Einige Mitglieder sollen mehr zahlen, während neue Spieler erst einmal gar keine Beiträge zu zahlen brauchen.

- und vor allem die Mehrwertsteuer.

In Deutschland kommen aus der Steuer auf das Arbeitsentgelt der Privatpersonen und der Mehrwertsteuer mehr als die Hälfte aller Steuereinnahmen des Staates.

Mancher Leser erinnert sich sicherlich daran, dass der **Mehrwert** in jeder Produktionsstufe entsteht, die an der Herstellung einer Ware oder Dienstleistung beteiligt ist. Auf diesen Mehrwert ist eine Steuer zu zahlen, die **Mehrwertsteuer**.

Die Einzelheiten, wie die Beteiligten an der Produktion von Stufe zu Stufe diese Steuer berechnen und an den Staat abgeben, sind ziemlich kompliziert. Für uns ist wichtig, dass diese Mehrwertsteuer letztendlich von demjenigen zu bezahlen ist, der als letzter Käufer am Ende der Produktionskette steht, also von dem Verbraucher. In anderen Worten: von den Privatpersonen.

Auch alle anderen, kleineren Steuern sind wichtig, wenn der Staat etwas in eine bestimmte Richtung lenken will (es gibt zum Beispiel Steuern auf den Verbrauch von Benzin und Diesel, auf Erträge aus Geschäften an der Börse, auf den Besitz von Hunden und vieles mehr). Wenn der Staat z. B. möglichst viele Menschen dazu bringen will, das Rauchen aufzugeben, kann die Tabaksteuer stark erhöht werden. Das ist zunächst eine Maßnahme der Gesundheitspolitik, kann aber auch Auswirkungen auf den Gewinn von Unternehmen haben, die Zigaretten herstellen.

Wenn mehr ausländische Unternehmen dafür interessiert werden sollen, auch in Deutschland einen Betrieb zu eröffnen, können diese Unternehmen von Steuern ganz oder teilweise befreit werden.

Aus den Steuereinnahmen werden die Aufgaben des Staates, z. B. die staatlichen Zahlungen an ärmere und hilfsbedürftige Menschen, bezahlt. Ebenso die Maßnahmen der Wirtschaftspolitik, der Straßenbau, die Polizei, die Behörden des Bundes und der Länder und die Bürgermeister der Städte, Beiträge zur Europäischen Union usw.

Manche Menschen aber wollen keine Steuern zahlen, sondern lieber das gesamte eingenommene Geld für sich behalten. Und wer jemanden an der Steuer vorbei für sich arbeiten lässt, spart auch etwas Geld, denn für eine solche „**Schwarzarbeit**" wird ein Steuerbetrüger weniger Entgelt für seine Arbeit fordern als es normal der Fall wäre. „Schwarzarbeit" wird alles genannt, was so gemacht wird, dass dafür Steuerzahlungen vermieden werden, z. B. wenn für einen Neubau Arbeiter ohne Sozialversicherungsanmeldung beschäftigt werden, und ihren Tageslohn als Bargeld erhalten. Das Geld, das jemand durch eine solche Steuerhinterziehung gewinnt, wird entsprechend „Schwarzgeld" genannt. Schwarzgeld kann auch durch den Verkauf eines Autos oder anderer teurer Dinge entstehen, die am Gesetz vorbei gehandelt werden. Oder durch das bewusste Verschweigen von Geldanlagen im Ausland, für die man dort Zinseinnahmen bekommt und für diese keine Steuern zahlt.

> Es soll nicht mehr möglich sein, beim Fußballtraining „schwarz" mitzutrainieren.
>
> Wer am Training teilnimmt, muss auch als Mitglied angemeldet sein und den Beitrag an den Verein bezahlen.

Ein solches Verhalten richtet sich gegen die Gemeinschaft all der Menschen, die in einem Staat leben. Deshalb ist es strafbar, d. h. Betrüger, die so etwas machen, können ins Gefängnis kommen.

Die Festsetzung der Höhe und Art der Steuern durch den Staat wirkt natürlich auch auf die drei Märkte.

Aus all diesen Maßnahmen können sich viele verschiedene Wirkungen ergeben. Und um die richtigen Entscheidungen treffen zu können, müssen Politiker einschätzen, wie die Situa-

> So war das auch mit dem Vorschlag von Johannes, die Mitgliedsbeiträge für alle zu erhöhen.
>
> Für Jan wäre das schrecklich.
>
> Johannes merkte das schnell und korrigierte sich etwas.

tion auf den Märkten ist und was wirklich gebraucht wird, um den Menschen und Unternehmen am besten zu helfen. Das kann sehr kompliziert werden. Damit sieht unser Bild der Wirtschaftspolitik nun so aus:

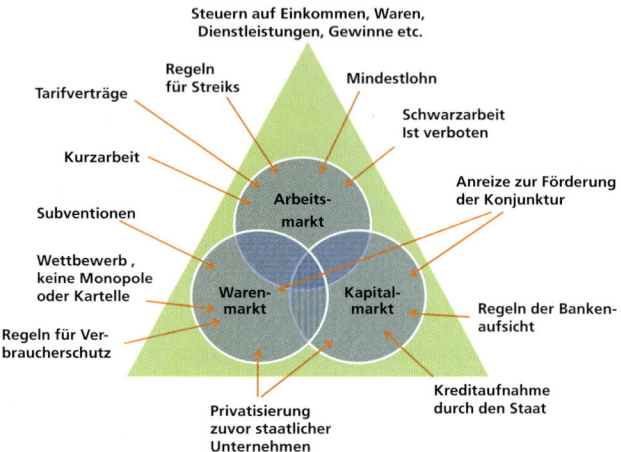

Beim Finden dieser Entscheidungen werden die Politiker, die den Staat regieren, in Deutschland unterstützt durch den Rat der „**Wirtschaftsweisen**". Korrekt heißt dieser Rat „**Sachverständigenrat zur Begutachtung der gesamtwirtschaftlichen Entwicklung**". Dessen Mitglieder sind Wirtschaftsexperten, zum Beispiel Professoren der Volkswirtschaftslehre. Sie analysieren regelmäßig die Situation der Wirtschaft und geben einmal im Jahr einen Bericht an die Regierung des Staates, der auch Empfehlungen für sinnvolle Maßnahmen enthält.

Es gibt neben diesem Sachverständigenrat auch mehrere **Wirtschaftsforschungsinstitute**, die Daten sammeln, analysieren und ebenfalls ihre Einschätzung der wirtschaftlichen Lage abgeben.

Wie kann die Währung eines Staates durch falsche Wirtschaftspolitik gefährdet werden?

Wenn die Politiker, die einen Staat regieren, schlecht wirtschaften, kann dieser Staat genauso wie ein Unternehmen **zahlungsunfähig** werden.

> So wie unser Fußballverein, der Kinder trainieren ließ, auch wenn sie keine Mitgliedsbeiträge bezahlten.
>
> Außerdem wurde der Kuchen für die Heimspiele ungeschickt bestellt.

Das kann z. B. daran liegen, dass ein Staat es nicht so genau damit nimmt, ob die Einwohner ihre Steuern auch wirklich bezahlen. In diesem Fall ist der Staat sehr schlecht verwaltet.

Besonders gefährlich wird es, wenn dieser Staat dann gleichzeitig auch noch viel Geld ausgibt für seine Wirtschaftspolitik, aber die falschen Dinge fördert, etwa riesengroße breite Autobahnen in einer Wüste bauen lässt, in die sich niemals Touristen verirren werden.

Gleichzeitig kann der Staat auch viel zu viele Menschen für die eigene Verwaltung anstellen und diesen Staatsangestellten vielleicht auch noch viel zu hohe Gehälter zahlen. Wenn dann auch noch alle Anträge sehr kompliziert sind und deren Bearbeitung unendlich lange dauert, werden die letzten Unternehmer, die in diesem Staat investieren wollen, eventuell endgültig abgeschreckt.

Fassen wir kurz zusammen:

Die Festlegung der Steuern und die Wirtschaftspolitik eines Staates wirken sich negativ aus, wenn der Staat:

- weniger Steuern einnimmt als er könnte,

- für die falschen Dinge viel zu viel Geld ausgibt,

- neue Investoren und Unternehmen vergrault.

Wenn ein Staat so handelt, wird er bald seine Ausgaben nur noch dadurch bezahlen können, dass er immer mehr **Schulden** macht. Zum Beispiel, indem er **Schuldverschreibungen** an der Börse verkauft.

Und je mehr Kredite ein Staat aufnimmt, desto höher wird die Summe der **Zinsen**, die dieser Staat bezahlen muss. Und bald schon wird ein großer Teil der neuen Kredite allein für das Bezahlen der Summe aller Zinsen verbraucht werden.

Hier kommen jetzt wieder die Kräfte der Preisbildung am **Kapitalmarkt** ins Spiel. Natürlich merken Kapitalgeber, dass es diesem Staat finanziell immer schlechter geht. Also steigt ihr **Risiko**, dass dieser Staat ihnen das geliehene Geld nicht wird zurückzahlen können. Als Folge davon werden Kapitalgeber höhere Zinsen fordern oder diesem Staat kein weiteres Geld mehr leihen.

So ähnlich ist das im Verein. Viele Spieler haben den Fußballverein verlassen. Vielleicht befürchten sie, dass der verarmte Verein keine guten Trainer mehr bezahlen kann.

Damit wird sich die Schicksalsspirale für den Staat noch schneller drehen, und seine Schulden werden noch schneller wachsen.

Wenn die Schulden so groß geworden sind, dass gar keine Chance mehr besteht, sie jemals zurückzahlen zu können, nennt man das **Überschuldung**.

Irgendwann wird dieser Staat auf dem Kapitalmarkt überhaupt keine Geldgeber mehr finden, egal wie hoch die angebotenen Zinsen sein mögen.

Wenn ein Staat für sich allein wirtschaftet und eine eigene Währung hat, kann ein Staat die Lösung einer solchen Situation auf verschiedene Weise angehen:

- Er kann einfach mehr Geld drucken, um seine Schulden zu bezahlen. Das hilft allerdings nur kurz, wie wir bereits wissen. Denn wenn zu viel Geld da ist, verliert es an Wert. Die Preise galoppieren und die Wirtschaft gerät nur noch tiefer in den **Abschwung** und vielleicht sogar in eine schwere **Rezession**.

- Ein Staat kann sich auch an andere Staaten oder an eine Organisation der Staaten auf dieser Welt, den Internationalen Währungsfonds (IWF), wenden und um Unterstützung und Kredite bitten. Dafür müssen allerdings auch harte Auflagen zum Sparen in Kauf genommen werden. (Der IWF ist eine Art ganz besondere Bank, die allen Staaten dieser Erde gehört. Es würde uns zu weit führen, hier näher darauf einzugehen.)

- Eine weitere Möglichkeit bei einer hoffnungslosen Überschuldung ist, dass der Staat seine Währung neu erfindet (die Fachleute nennen das **Währungsreform**).

Schauen wir uns einmal an, wie eine solche **Währungsreform** durchgeführt wird.

Nehmen wir einmal an, die alte Währung des überschuldeten Staates heißt Drachme (so hieß die Währung Griechenlands, bevor auch dort der Euro eingeführt wurde). Die neue Währung könnte genauso oder ein wenig anders heißen. Der Staat könnte bekanntgeben, dass z. B. einhundert Millionen (100.000.000) alte Drachmen ab dem Tag der Währungserneuerung nur noch 1 Neue Drachme wert sind.

So kann der Staat schnell seine alten Schulden zurückzahlen und neu anfangen.

Allerdings werden dann auch die Ersparnisse der Einwohner dieses Staates und aller anderen Menschen oder Unternehmen, die alte Drachmen besitzen, sehr viel weniger wert sein. Und damit verlieren auch Kapitalanleger, die auf alte Drachmen ausgestellte Schuldverschreibungen gekauft haben, ihr Anlagevermögen bis auf einen winzigen Rest in der neuen Währung.

Eine solche Währungsreform kostet für viele Jahre viel Vertrauen auf dem **Kapitalmarkt**. Aber es ist die Chance für einen Neuanfang des Wirtschaftens in diesem Staat.

Wieso ist die Überschuldung eines Staates aus dem Kreis der Euro-Länder gefährlich für den Euro?

Gehen wir in Gedanken noch einmal zu der Beschreibung einer falschen Handhabung der Steuern und der Wirtschaftspolitik auf den vorherigen Seiten zurück.

So in etwa entstand die Situation des Staates Griechenland ab ungefähr dem Jahr 2009.

Wir haben eben gesehen, wie ein allein wirtschaftender Staat eine solche Situation wieder überwinden kann.

Nicht so einfach ist es, wenn ein überschuldeter Staat mit vielen anderen Staaten zusammen eine gemeinsame Währung hat. So ist es bei den Staaten, die den **Euro** als Währung haben.

Die schwierige Situation, in der die Euro-Staaten stecken, entsteht durch zwei Probleme:

- Die steigenden **Kreditzinsen**, die die hoch verschuldeten Euro-Staaten am Kapitalmarkt zahlen müssen.

- Der Wert des Euro gegenüber anderen **Währungen** ist gesunken.

Schauen wir zunächst auf das Problem der Zinsen für Kredite oder Schuldverschreibungen, die Euro-Staaten zahlen müssen.

Wenn ein Euro-Staat, wie z. B. Griechenland, **überschuldet** ist und seine Kredite nicht mehr zurückzahlen kann, kommen am Kapitalmarkt schnell alle Euro-Staaten in den Verdacht, vielleicht unsichere Schuldner zu sein. **Rating-Agenturen** werden die **Bonität** des betroffenen Staates zurückstufen.

> Den Verkauf von von Schuldverschreibungen der Staaten kann man mit Eintrittskarten für ein Stadion vergleichen:
>
> Ein Fußballverein, der in der Champions-League spielt, braucht nicht zu werben, um Eintrittskarten zu verkaufen.
>
> Ein Amateurverein der Kreisliga wird dagegen heftig Werbung machen müssen, um alle Plätze besetzen zu können.

Kapitalgeber reagieren sehr empfindlich auf das **Risiko**, dass sie das angelegte Geld eventuell verlieren könnten. Investoren werden für Schuldverschreibungen, die auf die Währung Euro lauten, höhere Zinsen fordern.

> Mehr über die Bedeutung von Zinsen für die Wirtschaft steht im Kapitel über die Konjunktur.

Das bedeutet, dass auch diejenigen Euro-Staaten, deren Politiker solide wirtschaften, eventuell sehr bald höhere Zinsen für ihre Schuldverschreibungen bezahlen müssen. Und das, obwohl sie solide gewirtschaftet haben.

Hohe Zinsen können für die starken Industrieländer unter den Euro-Staaten wie Frankreich und Deutschland extrem schädlich sein. Hohe Zinsen können dort eine gesund wachsende Wirtschaft abwürgen: In der **Aufschwungphase** wird der Geldzufluss für Unternehmen und Privatleute jäh unerschwinglich teuer.

Für Griechenland sind sehr hohe Zinsen ebenfalls extrem schädlich: Neue Kredite werden unbezahlbar teuer, wären aber nötig, um die Zinsen für die bereits bestehenden Kredite bezahlen zu können.

Damit sind wir beim zweiten großen Problem, das aus der schwierigen finanziellen Lage Griechenlands entsteht.

Obwohl an sich gesund, kann der Euro schnell an Wert verlieren, wenn viele Kapitalanleger aus Euro-Ländern und auch aus anderen Staaten ihr Geld nicht mehr so recht in dieser Währung anlegen wollen. Wenn viele Menschen Euros in die Währung anderer Staaten tauschen wollen, z. B. US-Dollar, dann steigt das Angebot an Euros.

Mehr zum Thema Wechselkurs steht im Kapitel über die Tätigkeit der Bancherii.

Sobald das Angebot an Euros größer ist als die Nachfrage, sinkt der Wert des Euros. Bei einer Währung ist dieser Preis der **Wechselkurs**. Für einen Euro bekommt man immer weniger Dollar. Selbst wenn also die ausländischen Waren nach wie vor denselben Preis in Dollar kosten, muss man immer mehr Euro für dieselbe Ware bezahlen.

Als Folge davon werden in den Euro-Ländern alle Waren teurer, die Unternehmen in anderen Währungen auf den Märkten der Welt einkaufen und in US-Dollar bezahlen müssen, z. B. Öl und Benzin.

Dadurch steigen die Preise für alles, was aus diesen Rohstoffen und Waren hergestellt wird. Die Folge ist eine **importierte Inflation** gerade in den Staaten, die starke Industrieunternehmen haben, wie zum Beispiel Deutschland.

Wer sich gut an das Kapitel über die Konjunktur erinnert, weiß, dass die Zentralbank in einer solchen Situation der Inflation eigentlich die Zinsen erhöhen müsste. Damit allerdings könnte eine beginnende oder noch laufende **Aufschwungphase** abgewürgt werden. Wie auch immer die Zentralbank handelt, eine Gefährdung der Konjunktur bleibt.

Durch das Wegbleiben von Geldanlagen fehlen den Banken in den starken Industrieländern zudem Geldmittel, die sie in der Aufschwungphase an Unternehmen und Privatpersonen geben könnten. Auch das schadet der Wirtschaft in diesen Ländern.

Was ergibt sich für das Wirtschaften in den Euro-Ländern aus diesen beiden Problemen?

Insgesamt gesehen erscheint eine Währungsreform für den Euro völlig unnötig, denn nur ein paar Euro-Länder sind überschuldet und benötigen die Unterstützung der Partnerländer. Die Währung Euro an sich darf man als gesund bezeichnen. In den Euro-Staaten ist jeder Staat selbst verantwortlich für seine **Wirtschaftspolitik** und die Festlegung seiner Steuern. Die große Mehrheit der Euro-Staaten hat dies verantwortungsbewusst getan.

Um den Euro als Währung stark zu erhalten, müssen die Euro-Staaten nach außen hin, also gegenüber den Anlegern am weltweiten Kapitalmarkt, möglichst viel Vertrauen erwecken. Das geht am besten, indem sie eine verlässliche und *einheitliche* gemeinsame Politik betreiben.

In Wirklichkeit jedoch braucht die Wirtschaft in den einzelnen Euro-Staaten sehr unterschiedliche Maßnahmen.

Für die starken Industrieländer muss die Konjunktur mit sanften und feinfühligen Veränderungen des **Leitzinses** gesteuert werden. In anderen Ländern, z. B. Griechenland, hängt die Wirtschaft eher von Landwirtschaft und Tourismus ab. Hier wäre es vielleicht eher wichtig, eine andere Art von **Subventionen** zu zahlen.

Änderungen des Leitzinses wirken sich jedoch auf alle Euro-Länder gleichermaßen aus. Und von Subventionen kann man nicht Betriebe aus bestimmten Ländern ausschließen.

In Zukunft müsste also die Grundlage für das Wirtschaften mit einer gemeinsamen Währung in allen Staaten einheitlich werden. Nur wenn alle Euro-Staaten wirklich solide wirtschaften wollen und das auch tun, kann die Gemeinschaftswährung ein Vorteil für alle sein.

Wir erinnern uns an die 4 Freunde aus dem Kapitel „Ist Wirtschaften gerecht?" Sie hatten zu entscheiden, wie 4 Äpfel auf 4 Menschen aufgeteilt werden sollen. Jeder hielt eine andere Art, die Äpfel aufzuteilen, für richtig.

Welche Wirtschaftspolitik ist gut?

Wirtschaftspolitik setzt viel Verantwortungsbewusstsein und Wirtschaftswissen bei den Politikern voraus.

Es ist wichtig, daran zu denken, welche wirtschafts-
politische Maßnahme welche Auswirkung auf das
Wirtschaften hat und wie Angebot und Nachfrage
auf den Märkten vermutlich reagieren werden.

Eine gute Wirtschaftspolitik wird es den Menschen
und Unternehmen in einem Staat ermöglichen, so zu
leben und zu wirtschaften, wie es die Mehrheit von
ihnen für richtig hält.

Ob die Wirtschaftspolitik sehr gut oder weniger gut
ist, kommt also immer auch auf die politische Meinung derjenigen an, die die Wirtschaftspolitik beur-
teilen.

6

So läuft es rund: Der Wirtschaftskreislauf

In einem Kreislauf fließt oder bewegt sich etwas. Im Blutkreislauf des Menschen zum Beispiel fließt das Blut durch die Adern zur Lunge und versorgt dann die einzelnen Körperteile mit Sauerstoff.

> Im **Wirtschaftskreislauf** fließt Geld als Gegenleistung für geleistete Arbeit, Waren und Dienstleistungen zwischen den Teilnehmern der Wirtschaft.

Für uns ist die Beschreibung des Wirtschaftskreislaufs eine kleine Zusammenfassung dessen, was wir in diesem Buch erfahren haben.

Die Teilnehmer des Wirtschaftens sind zunächst einmal die Privatpersonen, die in der Sprache der Wirtschaftswissenschaftler auch „**private Haushalte**" genannt werden. Diesen Begriff nehmen wir in unseren Wirtschaftskreislauf auf.

Neben den privaten Haushalten nehmen **Unternehmen** an der Wirtschaft teil. **Banken** sind auch Unternehmen. Sie haben jedoch eine sehr wichtige Aufgabe (die Versorgung der Wirtschaft mit Geld) und werden deswegen besonders hervorgehoben.

Wenn man den Kreislauf etwas erweitert, dann kommen auch der **Staat** und das **Ausland** hinzu.

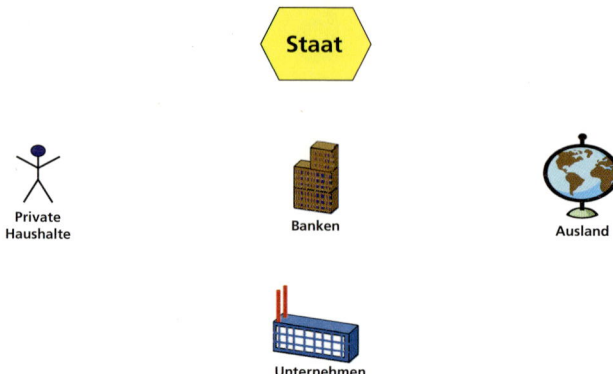

Die privaten Haushalte arbeiten für Unternehmen und erhalten dafür Arbeitsentgelt. Einen Teil dieses **Arbeitsentgelts** geben die privaten Haushalte aus, um von Unternehmen Waren oder Dienstleistungen zu kaufen.

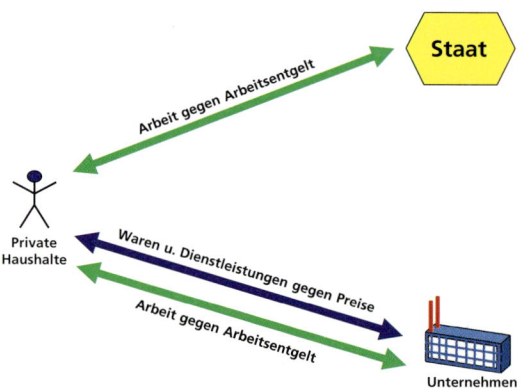

Auch für den Staat arbeiten Menschen. Sie sind in Behörden oder Ämtern tätig als Polizisten, als Beamte oder Angestellte oder Arbeiter, als Soldaten, als Minister oder Abgeordnete und vieles mehr. Auch dafür erhalten die privaten Haushalte ein Arbeitsentgelt.

Unternehmen unterscheiden sich nach ihrer Größe, dadurch, wem sie gehören und danach, was für Waren sie herstellen oder welche Dienstleistungen sie erbringen.

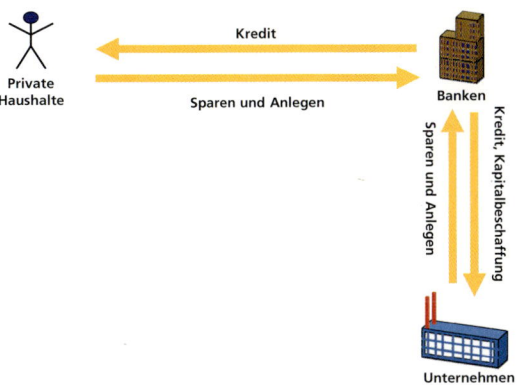

Menschen und Unternehmen haben sich jeweils auf ganz bestimmte Aufgaben spezialisiert und teilen sich so die insgesamt in der Wirtschaft zu erledigende Arbeit auf.

Banken schaffen Spar- und Anlagemöglichkeiten für private Haushalte ebenso wie für Unternehmen und vergeben **Kredite** (auch an den Staat und andere Banken).

Außerdem unterstützen Banken Unternehmen dabei, **Aktien** und andere **Wertpapiere** an der Börse zu *ver*kaufen. Und sie helfen Unternehmen ebenso wie privaten Haushalten, Wertpapiere an der Börse zu *kaufen*.

Banken wickeln zusammen mit der Zentralbank den **Zahlungsverkehr** (in dem Bild mit ZV abgekürzt) im Inland ab und organisieren, dass Geld auch in andere Staaten, also in das Ausland, gelangen kann.

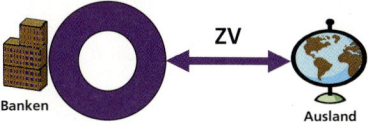

Unternehmen führen Waren und Dienstleistungen aus dem **Ausland** ein (importieren) oder verkaufen diese (exportieren) in das Ausland. Im Zeitalter der **Globalisierung** produzieren viele Unternehmen einen Teil ihrer Waren ebenso in Fabriken, die sie im Ausland gebaut haben. Dafür ist es erforderlich, auch **Kapital** in das Ausland zu verlagern. Im Gegenzug strömen Gewinne, die in den ausländischen Fabriken erwirtschaftet werden, zu den Unternehmen im Inland, denen diese Fabriken gehören.

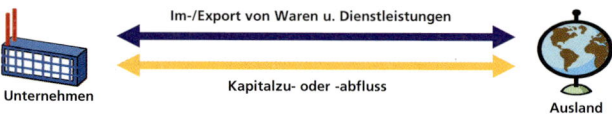

Private Haushalte, Banken und Unternehmen zahlen an den Staat **Steuern**, mit denen der Staat alle Aufgaben finanziert, die für das gemeinsame Leben in diesem Staat erforderlich sind. Der Staat vergibt Aufträge an Unternehmen (zum Beispiel den Bau neuer Straßen) und finanziert Ämter und Behörden (zum Beispiel das Kartellamt, aber auch die Bürgerbüros, in denen Einwohner des Staates zum Beispiel Reisepässe erhalten).

Wenn es erforderlich ist, erhalten private Haushalte vom Staat soziale Unterstützungsleistungen. Im Rahmen der Wirtschaftspolitik zahlt der Staat manchmal

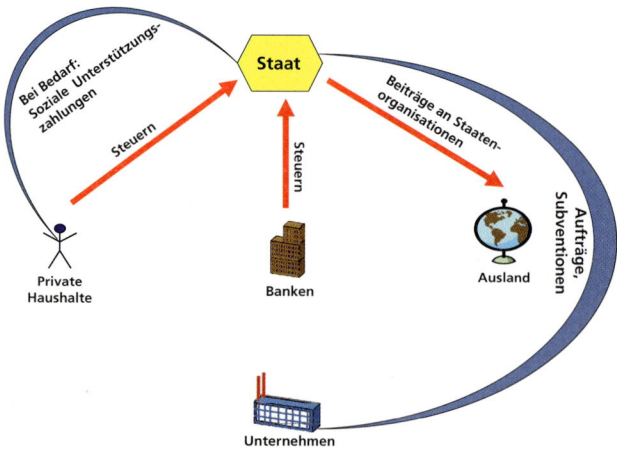

für bestimmte Zwecke auch Zuschüsse an Unternehmen, die **Subventionen**.

In unserer modernen Welt gehört der Staat seinerseits internationalen Organisationen an, für die Beiträge und andere Zahlungen geleistet werden müssen.

Einige private Haushalte sind **Aktionäre** oder besitzen **Schuldverschreibungen** von Unternehmen. Dafür erhalten sie Dividenden bzw. Zinsen von einigen der Unternehmen.

Insgesamt sieht unser Bild vom Wirtschaftskreislauf nun so aus:

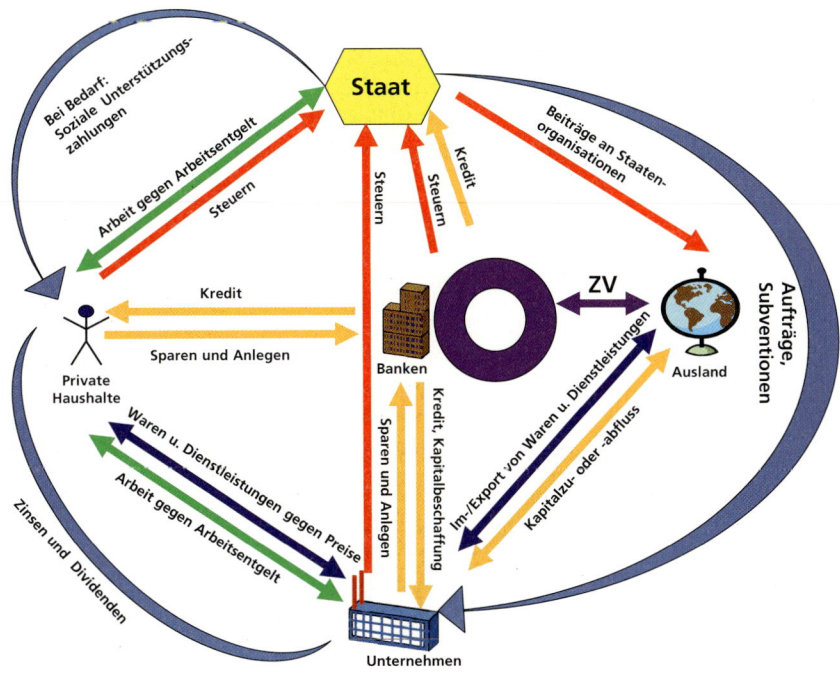

Das Geld, das in diesem Kreislauf fließt, wurde nur zu dem Zweck erfunden, leichter wirtschaften zu können.

Es sind die Menschen, die diesen Kreislauf in Gang halten. Menschen arbeiten in Unternehmen, gründen, leiten und besitzen sie. Und es sind Menschen, die andere Menschen wählen, um als Politiker für die Gemeinschaft aller, den Staat, zu handeln.

Menschen entscheiden nicht nur über Arbeit und Kapital, sondern auch darüber, wie auf diesem Planeten mit dem Produktionsfaktor **Boden** umgegangen wird. Diesen Produktionsfaktor können wir auch anders nennen: Natur. Die Natur bietet nicht nur Diamanten und Erdöl, sondern auch Wasser, Luft, Wind und Sonnenlicht. Die Menschen müssen darauf achten, weltweit sinnvoll mit diesen Schätzen umzugehen und so zu wirtschaften, dass auch folgende Generationen von Menschen auf diesem Planeten eine Zukunft haben.

Das wird nur gelingen, wenn jeder Einzelne Verantwortung übernimmt und sich selbst und der Gemeinschaft gegenüber wichtige Fragen beantwortet:

- Können nicht auch mehrere Menschen dasselbe Auto nutzen und sich abstimmen, wer wann damit fährt?!

- Müssen wir wirklich jede Tasse Kaffee einzeln aus einer Plastikkapsel heraus zubereiten?!

- Darf es sein, dass die Regenwälder abgeholzt werden, nur damit gigantische Sojamengen produziert werden können?!

- Müssen wir wirklich immer mehr von allem haben?!

Unsere Welt und unser Wirtschaften brauchen neue Spielregeln – und zwar heute, nicht erst morgen!

Quellenverzeichnis

Bartz, Tim: „Bad Bank soll Kapitalbasis entlasten", Financial Times Deutschland, 12.09.2012

Das Lexikon des Kaufmanns, Ullstein Verlag, Frankfurt – Berlin 1968

Duden: Band 10, Das Bedeutungswörterbuch (4. Auflage, 2010), und Band 7, Das Herkunftswörterbuch (4. Auflage, 2007), Duden Verlag, Mannheim – Zürich

Grill, Wolfgang/Perczynski, Hans: „Wirtschaftslehre des Kreditwesens", Verlag Dr. Max Gehlen, Bad Homburg v.d.H. 1993

Guth, Peter: „Leipzig, Handels- und Kulturzentrum", RV Reise- und Verkehrsverlag, Stuttgart 1991

Harnischfeger, Uta/Hönighaus, Reinhard: „Drei Jahre Lehmann und nichts erreicht", Financial Times Deutschland, 15.09.2011

Hübener, Karl-Ludolf/Nordwig, Hellmuth/Reisenbichler, Arndt: „Die Jagd nach seltenen Metallen", SWR-Sendung vom 19.09.2011, www.swr.de

Meyers enzyklopädisches Lexikon in 25 Bänden, Bibliographisches Institut, Mannheim – Wien – Zürich, 1972 ff.

Ohanian, Mathias/Kaelble, Martin: „Rauswurf der Griechen könnte teuer werden", Financial Times Deutschland, 13.09.2011

Otte, Max: „Die Krise hält sich nicht an Regeln", Ullstein Buchverlage, Berlin 2010

Pache, Timo/Tartler, Jens/Schaaf, Stefan: „Planspiele für Griechenlands Pleite", Financial Times Deutschland, 13.09.2011

Roubini, Nouriel/Mihm, Stephen: „Das Ende der Weltwirtschaft und ihre Zukunft", Goldmann, München 2011

Schaaf, Stefan: „Verbriefungen vor Renaissance", Financial Times Deutschland, 15.12.2011

Striegler, Arndt: „Zum Wochenenddienst nach Großbritannien", in: Ärztezeitung vom 16.02.2007, www.aerztezeitung.de

Weidenfeld, Ursula/Sauga, Michael: „Geld-Untergang", Piper-Verlag, München 2012

Ziegler, Ferdinand (Hrsg.): „Der neue Teisman", Verlag Girardet, Essen 1978

Glossar

Hier werden die wichtigsten Begriffe, die im Buch eine Rolle spielen, kurz erläutert.

Angebot die gesamte Menge der Waren, die Anbieter verkaufen wollen.

Anbieter diejenigen, die eine Ware herstellen oder eine Dienstleistung leisten wollen; sie werden auch als Verkäufer bezeichnet.

Arbeitsteilung bedeutet, dass nicht mehr jeder alles selbst macht. Die Arbeit, die zu tun ist, wird von denen erledigt, die das jeweils am besten können (einer stellt Schuhe her, andere jagen). Jeder Mensch übernimmt eine andere Arbeit. Jede Arbeit ist für alle Menschen wichtig.

Bargeld anfassbare, wirklich existierende Geldscheine oder Geldmünzen.

Betrieb die technische Sicht auf ein Unternehmen (also dessen Standort, die Maschinen, technische Arbeitsabläufe etc.).

Bonität ein Maß dafür, dass jemand, der etwas verleiht, daran glaubt, das Geliehene vom Schuldner zurückzubekommen sowie zusätzlich die Zinsen für das Verleihen zu erhalten.

Börse ein Ort, an dem Wertpapiere oder Geld gehandelt werden.

Bruttoinlandsprodukt die Gesamtsumme des Wertes aller Waren und Dienstleistungen, die in einem Staat geschaffen werden.

Buchführung so wird das Aufschreiben von allen wichtigen Informationen zu Käufen und Verkäufen genannt, die ein Kaufmann für seine Geschäfte tätigt.

Dienstleistungen Arbeit an etwas, das schon vorher da war, aber durch diese Arbeit verändert wird.

Dokument ein beschriebenes Blatt Papier, das als Nachweis dafür dient, dass etwas versprochen oder verkauft wurde oder geschuldet wird.

Fabrik das Gebäude, in dem mit Hilfe von Maschinen und Menschen etwas hergestellt wird (also das Gebäude des Betriebes).

finanzieren das, was man macht, um Zahlungsmittel zu beschaffen, mit denen Waren oder Dienstleistungen später bezahlt werden können.

Firma der Name, unter dem ein Unternehmen seine Geschäfte betreibt.

Geld ist etwas, das alle Menschen als wertvoll anerkennen. Es stellt einen bestimmten Gegenwert dar für die Waren oder Dienstleistungen, die Menschen dafür eintauschen wollen.

Geschäft hat mehrere Bedeutung: der Raum, in dem etwas verkauft wird; kann auch bedeuten: „einen Handel abschließen, etwas verkaufen".

Gewinn das, was man durch seine Geschäfte verdient und für sich behalten kann.

Gläubiger so wird genannt, wer von einem Schuldner noch eine Ware oder Geld zu bekommen hat.

Globalisierung das Fremdwort dafür, dass Menschen und Unternehmen aus allen Staaten auf der Erde zunehmend in allen Bereichen des Wirtschaftens miteinander verbunden sind.

Handel das ist eine Tätigkeit die darin besteht, für etwas, das zum Verkauf angeboten wird, Käufer zu vermitteln.

Hersteller derjenige, der eine Ware anfertigt.

Hypothekenkredit Kredit, für den als Sicherheit ein Haus dient.

Insolvenz Zustand, in dem ein Unternehmen (bei einer Privatinsolvenz auch eine Privatperson) zu wenig Geld hat, um die bestehenden Schulden zu bezahlen.

Kapital das Geld, das eingesetzt wird, um Geschäfte zu machen.

Kaufmann jemand der so viele Geschäfte ausübt, dass er allein nicht mehr alles schaffen kann und deswegen andere Menschen in seinem Betrieb beschäftigt.

Käufer siehe Nachfrager.

Konjunktur die Veränderung der Summe des Bruttoinlandsproduktes (BIP) im Verlauf der Zeit.

Kredit so wird ein Geldbetrag genannt, den ein Gläubiger einem Schuldner geliehen hat.

Kurs der Preis einer Währung oder eines Wertpapieres an einer Börse.

Markt der Ort, wo Angebot und Nachfrage aufeinandertreffen.

Material so wird genannt, was aus der Erde gefördert wurde, oder hergestellt wurde, aber in andere Produkte eingearbeitet wird.

Nachfrage das, was entsteht, wenn die **Käufer** sagen, was sie in welcher Menge gern kaufen würden.

Nachfrager diejenigen, die eine Ware oder Dienstleistungen erwerben wollen.

Preis der Gegenwert, der einer Sache oder einer Dienstleistung beigemessen wird und den man zahlen muss, damit man diese Sache oder Dienstleistung bekommen kann.

Produkt siehe Ware.

Risiko beim Wirtschaften: die Gefahr, etwas zu verlieren.

Schulden ein Geldbetrag, den man noch an einen Gläubiger zurückzahlen muss.

Schuldner so wird genannt, wer einem anderen eine Ware oder Geld noch zurückgeben muss.

Staat eine „Gemeinschaft von Menschen", die „innerhalb gleicher Grenzen" lebt.

Steuern vom Staat vorgeschriebene Zahlungen der Einwohner an den Staat.

Tauschhandel es wird eine Ware gegen eine andere Ware eingetauscht (auch Dienstleistungen können gegen andere Dienstleistungen oder auch gegen Waren getauscht werden).

Unternehmen ein rechtlich selbstständiges Gebilde, das etwas herstellt oder Dienstleistungen organisiert. Es braucht dafür eine bestimmte Organisationsform.

Verkäufer siehe Anbieter.

Vollbeschäftigung bezeichnet eine Situation, in der alle, die in einem Staat leben und dort arbeiten wollen, einen Arbeitsplatz bekommen haben. Es sind nur noch diejenigen ohne Arbeit, die nicht arbeiten wollen oder können.

Währung eine bestimmte Art Geld, die in einem Staat (und manchmal nur in diesem einen Staat) gültig ist, wird als dessen Währung bezeichnet.

Ware eine Sache, die gegen einen Geldbetrag oder eine andere Ware getauscht wird, der oder die als gleichermaßen wertvoll angesehen wird.

Wechsel ein Blatt Papier, auf dem steht, an wen wer wo und an welchem Tag den genannten Betrag zurückzahlen muss; es ist ein „unbedingtes Zahlungsversprechen", d. h. man muss dieser Zahlungspflicht nachkommen, sonst wird man vor Gericht bestraft.

Wechselkurs Tauschwert von einer Währung in eine andere: Wenn die eingetauschte Währung als weniger wert gilt als die, die man in dem Staat braucht, in den man reist, dann bekommt man weniger Geld dieses Staates für die eingetauschte Währung seines Heimatstaates.

Werk siehe Fabrik.

Wirtschaften so wird das genannt, was Menschen im Rahmen von Recht und Gesetz tun, um die Dinge zu bekommen, die sie haben wollen.

Wirtschaftspolitik die Summe aller Maßnahmen, mit denen der Staat das Geschehen auf den Märkten beeinflusst.

Wertpapier ein Blatt Papier, auf das wichtige Informationen gedruckt wurden. Alle, die dieses Papier kaufen, verkaufen oder damit handeln, messen dem Text einen bestimmten Wert zu.

Zahlung der Vorgang, bei dem ein Mensch oder Unternehmen einem Anderen ein Zahlungsmittel gibt, um eine Ware oder Dienstleistung zu bezahlen.

Zahlungsmittel etwas, was man jemandem geben kann, um etwas zu kaufen; Beispiele für Zahlungsmittel: Bargeld, Scheck, Wechsel, Muschelgeld …

Zinsen der Preis, der für das Leihen von Geld bezahlt werden muss.

Zoll eine Abgabe auf den Wert von Waren, die bei der Einfuhr in einen/der Ausfuhr aus einem Staat an den Staat gezahlt werden muss.

Stichwortverzeichnis

Häufig verwendete Stichworte werden nur mit den Seitenzahlen genannt, auf denen sie das erste Mal erläutert werden oder in einem anderen Zusammenhang wieder eine besondere Bedeutung haben.

Fette Seitenzahl: Hier wird der Begriff erklärt.

Normal stark gedruckte Seitenzahl: Hier wird der Begriff verwendet in wichtigem Zusammenhang.

Ihr Bonus als Käufer dieses Buches

Als Käufer dieses Buches können Sie kostenlos das eBook zum Buch nutzen.
Sie können es dauerhaft in Ihrem persönlichen, digitalen Bücherregal
auf **springer.com** speichern oder auf Ihren PC/Tablet/eReader downloaden.

Gehen Sie bitte wie folgt vor:

1. Gehen Sie zu **springer.com/shop** und suchen Sie das vorliegende Buch
   (am schnellsten über die Eingabe der eISBN).
2. Legen Sie es in den Warenkorb und klicken Sie dann auf:
   zum Einkaufswagen / zur Kasse.
3. Geben Sie den untenstehenden Coupon ein. In der Bestellübersicht wird
   damit das eBook mit 0 Euro ausgewiesen, ist also kostenlos für Sie.
4. Gehen Sie weiter **zur Kasse** und schließen den Vorgang ab.
5. Sie können das eBook nun downloaden und auf einem Gerät Ihrer Wahl lesen.
   Das eBook bleibt dauerhaft in Ihrem digitalen Bücherregal gespeichert.

EBOOK INSIDE

eISBN
Ihr persönlicher Coupon

Sollte der Coupon fehlen oder nicht funktionieren, senden Sie uns bitte
eine E-Mail mit dem Betreff: **eBook inside** an **customerservice@springer.com**.